U0618328

本书出版得到贵州师范大学学科建设专项资金资助

光明社科文库
GUANGMING DAILY PRESS:
A SOCIAL SCIENCE SERIES

·历史与文化书系·

拜占庭帝国莫里斯时代变革与转型研究

苏 聪｜著

光明日报出版社

图书在版编目（CIP）数据

拜占庭帝国莫里斯时代变革与转型研究 / 苏聪著
. --北京：光明日报出版社，2023. 10
ISBN 978 - 7 - 5194 - 7554 - 3

Ⅰ.①拜… Ⅱ.①苏… Ⅲ.①拜占庭帝国—历史—研
究 Ⅳ.①K134

中国国家版本馆 CIP 数据核字（2023）第 205476 号

拜占庭帝国莫里斯时代变革与转型研究

BAIZHANTING DIGUO MOLISI SHIDAI BIANGE YU ZHUANXING YANJIU

著　　者：苏　聪	
责任编辑：杨　娜	责任校对：杨　茹　李海慧
封面设计：中联华文	责任印制：曹　净

出版发行：光明日报出版社

地　　址：北京市西城区永安路 106 号，100050

电　　话：010-63169890（咨询），010-63131930（邮购）

传　　真：010-63131930

网　　址：http: //book. gmw. cn

E - mail：gmrbcbs@ gmw. cn

法律顾问：北京市兰台律师事务所龚柳方律师

印　　刷：三河市华东印刷有限公司

装　　订：三河市华东印刷有限公司

本书如有破损、缺页、装订错误，请与本社联系调换，电话：010-63131930

开　　本：170mm×240mm

字　　数：155 千字　　　　　　印　　张：11. 5

版　　次：2024 年 1 月第 1 版　　印　　次：2024 年 1 月第 1 次印刷

书　　号：ISBN 978 - 7 - 5194 - 7554 - 3

定　　价：85. 00 元

版权所有　　翻印必究

目　录
CONTENTS

绪　论

一、主要研究内容

在查士丁尼（Justinian Ⅰ，527—565 年）统治时期，拜占庭帝国最后一次展现了其全部实力，经历了它最后一次政治和文化上的伟大复兴。国家的边界再度扩展到整个地中海世界以外，文学艺术在基督教的框架内，充分展现了古典遗产的魅力，查士丁尼制定的《罗马民法大全》的法律原则对后世影响深远。虽然查士丁尼使其统治揭开了一个新时代，但是它又标志着一个伟大时代的结束。查士丁尼重建罗马帝国的事业并未取得成功，他千方百计扩大其统治疆域，但是只能短暂地维持，这表明他在古代罗马陈旧的国家体制内寻求拜占庭国家出路的计划落空了。拜占庭国家的发展只能适应新的历史环境，且他对古代领土的重新征服不是建立在任何坚实的基础上，其建立的帝国大厦的轰然崩塌必定造成灾难性后果，给后人留下一个内力耗尽、财政近乎崩溃的帝国。查士丁尼逝世后，他所创立的一度辉煌的大帝国开始在普遍的衰落中瓦解，并在内忧外患的困局中艰难地寻求转型。历史学家约翰·布瑞认为："当查士丁尼逝世后，分裂的因素开始全力发挥作用，一个人为的体系崩溃了，帝国的性质发生了明显且根本的变化。这种变化虽然已经经历了长期的发展过程，但人们依然倾向于认为，这种变化与查士丁尼忙乱的统治时期那些光彩夺目的'业绩'有关。"① 瓦西列夫则认为："565 年到 610 年是拜占庭历史上最灰暗无华的时期，在这一时期，混乱、贫穷和瘟疫席卷了整个帝国，以至于查士丁二世时期的历史学家以弗所的约翰认为，世界末日即将来临。"②

在查士丁尼之后相继统治拜占庭帝国的皇帝是查士丁二世（Justin Ⅱ，565—578 年）、提比略（Tiberios Ⅰ，578—582 年）、莫里斯（Maurice，582—602 年）和福卡斯（Phokas，602—610 年），这四位皇帝统治期间一个共同的特征是国家面临内忧外患的复杂局面。在意大利，568 年伦巴德人进攻意大利，并在短时间内控制了大部分地区，拜占庭势力只能蜷缩在拉文纳一隅；在西班牙，西哥特人开始进行反击性侵略；在北非，拜占庭人继续坚守其领土，直到阿拉伯人大规模征服为止，但是以对土著摩尔人部落持久且耗费巨大的战争为代价；在东方，形势极为严峻，查士丁尼的继承者不得不竭力重建帝国在近东地区的权威，自从 572 年查士丁二世再次确立了反对波斯人的政策后，为了争夺重要的战略和经济要地——亚美尼亚和美索不达米亚，两国展开了持久的拉锯战，直到 591 年双方签订合约；在巴尔干半岛，斯拉夫人和阿瓦尔人的入侵使拜占庭帝国的防务承受巨大的压力，阿瓦尔人甚至在多瑙河北岸地区建立起庞大的帝国，对拜占庭帝国形成不小的威慑作用。在 6 世纪最后 25 年，斯拉夫人开始长期定居在巴尔干半岛地区，在拜占庭的土地上逐渐生长，发展出了独立的斯拉夫人国家。在帝国内部，长期以来困扰历任皇帝的宗教争论问题并没有结

---

① J. B. Bury. A History of the Later Roman Empire from the Death of Theodosius I to the Death of Justinian [M]. New York: St. Martin's Press, 1958: 65.

② A. A. Vasiliev. History of the Byzantine Empire: 324 – 1453 [M]. Madison: University of Wisconsin Press, 1952: 171.

束，查士丁尼虽然一度保持了他对教会的绝对控制，但他无法在宗教信仰和思想认识上保持对帝国内部各民族人民的绝对控制。为了争夺政治权力和教会利益，拜占庭中央政府、君士坦丁堡教会与罗马教宗的关系又紧张起来，这种紧张状况直到福卡斯统治时期才有所缓解。

查士丁尼之后的将近半个世纪是非常重要的历史时期，它标志着"陈旧过时的晚期罗马帝国向崭新的充满活力的具有组织结构的中世纪拜占庭帝国的转变"①，尤其是莫里斯统治时期是这一转型时期极为重要的阶段。莫里斯采取一系列重要措施，最终确保了帝国对西部领土的控制。他重新组建由查士丁尼收复的领土上残破的管理机构，建立起拉文纳和迦太基两个总督区。通过确立严格的军事建制，加强了帝国在当地的防务。北非地区和拉文纳周围地区被组建起军事防线，当地全部的管理、军事都被置于总督的权力管辖之下。这两个总督区成为拜占庭势力在西方的前哨站，它们的组建指出了拜占庭管理机构军事化的发展方向，预示着伊拉克略将要推行的军区制。在东方和巴尔干前线，他所领导的战争取得了一系列重大胜利，他竭尽全力维持帝国在这些地区的权威，尤其是在东方，莫里斯趁波斯内乱使战争向有利于拜占庭人的方向发展，在他的帮助下，科斯罗伊斯二世（Khusro Ⅱ，590—628 年）恢复了王位，此后两国签订了合约，波斯人占领的大部分亚美尼亚土地被划归到拜占庭帝国。不管怎么说，莫里斯时代的历史都是值得重视和细致研究的，尽管战乱频繁、内忧外患，但是在复杂艰难的局势土壤中仍然生发出希望的种子。莫里斯推行的政治、经济和军事改革都为以后的国家中兴奠定了重要基础，尤其以总督区制为原型的军区制的推行足有 500 年之久，它为中期拜占庭帝国的稳定和

---

① ［南斯拉夫］奥斯特洛格尔斯基. 拜占庭帝国［M］. 陈志强，译. 西宁：青海人民出版社，2006：58.

繁荣奠定了坚实的基础。莫里斯还在军队中实施军事改革，他调整军事战略，变革军团结构，推行全民兵役制，并建立了以矛手为主的后备军团，希望通过改革来提高军队战斗力，缓解帝国人力和财力资源的短缺。莫里斯的很多军事改革措施在军队中得以广泛推行，延续时间超过300年之久，这些改革全面反映在《莫里斯的战略》一书中。

二、主要文献资料

塞奥非拉克特·西摩卡塔的八卷本《历史》是记载莫里斯时期拜占庭帝国军事、外交和政治等历史事件的重要史料。它记载的是莫里斯统治20余年的历史，主要涉及两个主题：其一，在巴尔干半岛上帝国与斯拉夫人和阿瓦尔人进行的战争，在东部前线帝国与波斯人进行的战争；其二，在内忧外患的国家形势下，莫里斯所推行的行政和军事改革。除了这两个主题，书中有大量有关京城庆典和宫廷仪式的细节描写，这是同时代其他作品中缺乏的内容。它对拜占庭帝国东部地理的记载一直延伸到古代中国，表现出作者对古代地理学家斯特拉波的熟悉和推崇。因此，这部作品具有很高的史料价值，是研究6世纪末7世纪初拜占庭帝国转型时期历史的重要文献。

《莫里斯的战略》是6世纪末7世纪初匿名作家所著的一部军事手册，主要反映莫里斯时期军队的训练、组织以及对敌的战略、战术运用等重大问题，其中包含了莫里斯在任期间多项重要的军事改革内容。书中记载的军事训练方法与战略、战术一直在拜占庭基层军队获得广泛使用，直到10世纪，随着战争形势的变化，利奥六世才创作出《战术》对其进行补充。《莫里斯的战略》对于研究诸如波斯、突厥、阿瓦尔、斯拉夫、安特、法兰克和伦巴德等民族的历史具有重要价值，因为该书提及了上述民族的生活习俗和战争方式等重要信息。更重要的是，《莫里斯的战略》对于我们理解西摩卡塔作品中的晦涩之处意义重大，同时它也有助于我们分析战争的具体战略、战术问题。必须指出的是，《莫里斯的战略》对于我们理解西摩卡塔所记的巴尔干事务价值颇大，但对于我们理解波斯事务逊色许多。尽管《莫里斯的战略》提到当时东方战场的两个小事件①，但是从通篇来看作者显然对东方战场的军事事务缺乏了解，更遑论亲身经历了。此历史文献目前以乔治·丹尼斯的译本较为优秀。类似的军事指导手册还有利奥六世的《战术》，该文献涉及战争指挥和军事训练等重要内容，它是以《莫里斯的战略》为写作蓝本，包括很多马其顿王朝时期的法律条文和利奥六世时期军事史的史料。②

阿米安·马赛里努斯（Ammianus Macellinus，330—392 年）是 4 世纪拜占庭历史学家。其作品《史绩》涉及 96—378 年的历史事件，全书共 31 卷，现今仅存后 18 卷，涉及 257—378 年的罗马与拜占庭帝国历史。该书保持了罗马史家的写作风格，以塔西佗为榜样，其明显的史学倾向表现在充满爱国情怀，以及对"蛮族"的蔑视，对民众"暴乱"的指责和对腐败、堕落的抨击等方面。目前，"罗耶布古典丛书"中收录了阿米安作品的英文译本。③

普罗柯比（Procopius，? —565）是 6 世纪拜占庭帝国最重要的历史学家。他出身巴勒斯坦凯撒里亚的贵族家庭，接受过系统的古典教育，后结

---

① Maurice's Strategikon trans. Handbook of Byzantine military strategy ［M］. trans. by George T. Dennis. Philadelphia：University of Pennsylvania Press，1984：125-127.

② ［拜占庭］利奥六世. 战术［M］. 李达，译. 北京：台海出版社，2018.

③ Ammianus Marcellinus. The Roman History of Ammianus Marcellinus，During the Reighs of Emperor's Constantius，Julian，Jovianus，Valentinianm and Valens ［M］. trans. by C. Young. New South Wale：Wentworth Press，2019.

识拜占庭军官贝利撒留，成为他的秘书并随其参与多次战争。普罗柯比的主要作品有《战记》《建筑》《秘史》。其作品被翻译成世界各国文字，其中《战记》篇幅最长，有数十万字；《建筑》现存 23 万余字；《秘史》现存 3.3 万余字。目前，普罗柯比作品的英译本众多，其中"罗耶布古典丛书"中收录的 7 卷本《普罗柯比作品集》是较权威的译本。①

阿嘎塞阿斯（Agathias，532—580 年）的代表作品为 5 卷本的《历史》，旨在续写普罗柯比未完成的历史叙事。其中记载了 552—589 年拜占庭帝国的历史事件和社会状况，侧重于发生在帝国东西部的各次战争、查士丁尼晚年的神经质，以及当时拜占庭社会政治和文化生活。总字数为 6 万余字的《历史》最初被收入柏林出版的《拜占庭史籍大全》中，目前英文全译本有富伦多本。②

塞奥发尼斯（Theophanes Byzantinus，6 世纪）著有 10 卷本《历史》，涉及 556—581 年拜占庭帝国的历史，其内容侧重于外交关系和对外战争的记载，对拜占庭帝国东部地区相邻民族也有详细的描述，目前该书残卷不足千字，但其续篇近 10 万字，由穆勒整理，收在《希腊历史资料残卷》第四卷中。③

曼南德尔（Menander Protector，6 世纪）出身于君士坦丁堡贵族家庭，

---

① Procopius. History of the Wars［M］. trans. by H. B. Dewing. Boston：University of Harvard Press，1996.
Procopius. De Aedificiis or The Buildings［M］. The Loeb Classical Library，Boston：University of Harvard Press，1996.
Procopius. Anecdota or Secret History［M］. The Loeb Classical Library，Boston：University of Harvard Press，1996.

② Agathias，The Histories［M］. trans. by Joseph D. Frendo. Berlin And NewYork：Corpus fontium historiae Byzantinae，1975.

③ Theophanes，Fragmenta Historicorum Greacorum Ⅳ［M］. ed. C. Muller. Cambridge：University of Cambridge Press，2010.

曾担任禁军军官，后为莫里斯皇帝所赏识，因此他得以接触帝国高层事务，接近官方文书。其代表作品为记载558—582年拜占庭历史的《历史》，在时间上延续了阿嘎塞阿斯《历史》的记载。曼南德尔对莫里斯颇有好感，评价也较为客观，他详细记述了莫里斯统治期间取得的军事成就，以莫里斯统治的结束为自己写作的时间节点。遗憾的是，曼南德尔的作品只有残篇留存于世，残篇涉及的内容主要是拜占庭帝国的外交事务，目前该作品较好的英文译本为布罗克雷所完成。①

埃庇发尼亚的约翰（John of Epiphania，6—7世纪）担任过安条克主教的助手，著有《历史》，旨在续写埃瓦格留斯的《教会史》，但是该作品破损严重，现存1.5万余字。它记载了拜占庭帝国和波斯帝国长期而又错综复杂的斗争过程，特别是科斯罗伊斯二世与莫里斯皇帝围绕西亚地区的反复争夺。该部作品以591年作为历史记载结束的时间，而正是在591年，莫里斯皇帝取得了对波斯人巨大的外交成功，这给拜占庭帝国东部带来了一段时间的和平。《历史》剩下的只是残篇，目前该作品希腊文原本残篇被收录于穆勒主编的《历史著作残篇汇编》第四卷中。②

以弗所的约翰（John of Ephesus，507—586年）著有《教会史》三部，其中第一部开端从恺撒时期写起，现已全部遗失；第二部记载从塞奥多西二世到571年间的历史，目前仅有部分残篇存世；第三部共分六卷，记载571年直至其去世前的教会事务，该部绝大部分保存至今，其中，三卷记载了查士丁二世、提比略和莫里斯统治时期的历史，第六卷记载了拜占庭与波斯的战争以及拜占庭与侵入到巴尔干半岛蛮族部落的战争。以弗所的

---

① Menander Protector, The History of Menander the Guardsman ［M］. trans. by Roger C. Blockley. Liverpool：Liverpool University Press，1985.

② C. Müller. Fragmenta Historicorum Graecorum, Volume Ⅳ ［M］. Cambridge：University of Cambridge Press，2010.

约翰在前面五卷中记载的都是教会的历史，缘何在第六卷记载战争，因为他认为这些军事冲突和自然灾难是世界末日临近的征兆。目前，以弗所的约翰的《教会史》有史密斯的英文译本。①

埃瓦格留斯（Evagrios Scholastikos，536—595 年）是 6 世纪拜占庭帝国的历史学家和法学家，出生在叙利亚的安条克。其 6 卷本《教会史》涉及 431—594 年的历史事件。该书名为教会史，但无论取材还是描述都不局限于教会事务，是研究 5—6 世纪拜占庭史、基督教会史和叙利亚地区史的重要参考资料。作者并不完全采用传统的教会史写作方法，而是交替使用教会史和古典史学写作风格。埃瓦格留斯作为安条克主教格里高利的幕僚，得以有机会获得大量重要的信息，但是他在其作品中所记载的军事信息较为简略。该书权威的英文译本为毕德兹译本。②

《圣迪米特里的奇事》为塞萨洛尼基主教约翰所作，成书的时间为伊拉克略统治前期，它收集了圣迪米特里所实行的 15 件"奇事"，这些"奇事"都是为了造福于塞萨洛尼基的当地民众。除了头两件"奇事"发生在莫里斯和福卡斯统治时期，其余的"奇事"都发生在尤西比乌斯担任塞萨洛尼基主教期间。《圣迪米特里的奇事》一书主要关注塞萨洛尼基的社会情况和 6 世纪末 7 世纪初民众的信仰状况，尤其对莫里斯时期的巴尔干半岛的历史记载详尽。例如，该作品记载了斯拉夫人对塞萨洛尼基的两次入侵事件，这在其他历史文献中没有被记录下来。尽管该作品所记载的内容带有浓厚的宗教色彩，但透过这些"奇事"还是能发现历史的点滴细节。

---

① John of Ephesus. The Third Part of the Ecclesiastical History of John, bishop of Ephesus [M]. trans. by R. Payne Smith. Oxford：University of Oxford Press, 1860.

② Evagrios Scholastikos. Ecclesiastical History [M]. ed. J. Bidez and L. Parmentier. Oxford：University of Oxford Press, 1860.

目前该书有塔克特的译本。①

格里高利大主教（Pope Gregory，590—604 年）的《书信集》涵盖他的整个任期，它是除西摩卡塔的《历史》以外了解莫里斯统治后期巴尔干半岛事务最有价值的文献。信件中包含帝国的行政管理、教会事务等重要信息，尤其对意大利的政治和宗教事务涉猎较多，由于格里高利与莫里斯的私交甚好，在与王室或重要官僚的通信中格里高利提到了当时国家面临的一些主要问题。这些信件所记述的史实甚至比历史学家的记载更加详尽和客观。信中呈现了格里高利与拉文纳总督、君士坦丁堡大教长围绕行政和教会事务的许多争论细节，这为以后的学者研究和探讨 6 世纪末期帝国的历史提供了重要的线索。除了少数几封信寄往君士坦丁堡皇室、大教长以及高级贵族，其余大部分的信件所探讨的主题是有关"普世教会"（Oecumenical Patriarch）的争论，以及帝国法律是否可以影响教会利益的争论。这些信件记载巴尔干半岛西部和南部的事务，且为我们提供了一个观察巴尔干半岛宗教和社会生活的独特视角，在很大程度上弥补了西摩卡塔《历史》记载的不足。目前，该书主要有埃华德的译本。②

三、中外学者的重要研究成果

陈志强教授在其著作《拜占庭帝国史》中认为，查士丁尼时代后期进入帝国的危机阶段，表现在边境地区的形势直转急下、瘟疫造成人力和财力资源的枯竭、宗教斗争使社会陷入分裂等方面，这表明查士丁尼一世企

---

① Miracula S. Demetrii. Les plus anciens recueils des miracles de saint Démétrius et la pénétration des ［M］. ed. by P. Lemerle. Paris：Hachette Livre，1979.

② Pope Gregory. Registrum Epistolarum ［M］. ed. by P. Ewald and L. Hartmann. Berlin：Nabu Press，1899.

图在古罗马帝国体制内为早期拜占庭国家寻求出路的计划失败了。拜占庭国家的发展只能适应新的历史环境。陈志强教授描述了查士丁尼去世后几任皇帝的施政,指出莫里斯统治期间大胆起用军事将才,遏止了波斯人的进攻,但是他废除了查士丁尼中央集权化政策的做法,使贵族重臣势力又起。另外,陈志强教授在该书的"军事改革和技术发展"一节中阐述了莫里斯军事改革的措施和历史贡献。[①]

陈志强教授的著作《拜占庭学研究》专门开辟章节,论述"7 世纪中期以前拜占庭帝国北非政策研究",富有创见地指出了拜占庭帝国北非政策的特点、经济政策和宗教政策,其中不乏查士丁尼时代后期帝国对迦太基总督区和埃及的治理情况的精辟论述。[②]

徐家玲教授在其著作《早期拜占庭和查士丁尼时代研究》中,阐述了查士丁尼之后的拜占庭帝国所面对的内忧外患,肯定了莫里斯的杰出军事才能,认为莫里斯的统治具有重要的意义,"莫里斯的短期统治和他在拉文纳及北非实行的'总督制'改革,却决定了拜占庭帝国在此后几十年,乃至整个中世纪占主导地位的重要行政军事管理体制的特点"[③]。徐家玲教授还在《拜占庭文明》中提到莫里斯的军事改革,正是有了这些改革措施,使得军队在伊拉克略组织的对波斯战争和阿拉伯战争中发挥了克敌制胜的重要作用。[④]

爱德华·吉本的鸿篇巨制《罗马帝国衰亡史》对莫里斯的继位和统治有所描述,分析了当时帝国内外面临的严峻挑战,以及莫里斯所采取的应

---

① 陈志强. 拜占庭帝国史 [M]. 北京:商务印书馆,2003:163,442.

② 陈志强. 拜占庭学研究 [M]. 北京:人民出版社,2001:294-310.

③ 徐家玲. 早期拜占庭和查士丁尼时代 [M]. 吉林:东北师范大学出版社,1998:268.

④ 徐家玲. 拜占庭文明 [M]. 北京:人民出版社,2001:230.

对措施。尽管着墨不多,但恰到好处地阐明了莫里斯统治时期的所有要点。①

在琼斯所著的《晚期罗马帝国史:284—602 年》中对莫里斯时期的历史只是简略提及,轻描淡写,用了不到 6 页的篇幅就把 20 多年的历史囊括进去了。②

奥斯特洛格尔斯基的《拜占庭国家史》阐述了早期拜占庭国家的发展和特征,对莫里斯时期的统治特征有过简要的描述:"莫里斯也是一位最杰出的拜占庭君主,其统治标志着转型时期极为重要的阶段,即陈旧过时的晚期罗马帝国向具有崭新的充满活力的组织结构的中世纪拜占庭帝国的转变。"他分析了莫里斯的施政策略和重要措施,评价了莫里斯的历史贡献。③

瓦西列夫的《拜占庭帝国史:324—1453 年》专门开辟章节论述查士丁尼时代后期即 565—610 年的历史。他全面阐述和评价了莫里斯在任时期实施的对内、对外政策,并认为莫里斯是四位皇帝中最杰出的领导者。瓦西列夫还认为,查士丁尼时代后期并不像很多学者认为的那样黑暗混乱,它只是从早期拜占庭向中期拜占庭过渡和转型的重要阶段。④

法国杰出的拜占庭学者查尔斯·迪尔侧重于对拜占庭政治历史的研究,提出了许多独到的见解。他的《拜占庭帝国史》和《拜占庭:伟大与

---

① [英] 爱德华·吉本. 罗马帝国衰亡史 [M]. 席代岳,译. 长春:吉林出版集团,2014:300.
② A. H. M. Jones. The Later Roman Empire:284–602 [M]. Baltimore:University of Johns Hopkins Press,1896.
③ [南斯拉夫] 乔治·奥斯特洛格尔斯基. 拜占庭帝国 [M]. 陈志强,译. 西宁:青海人民出版社,2006:58-59.
④ A. A. Vasiliev. History of the Byzantine empire:324–1453 [M]. Madison:University of Wisconsin Press,1952:169-179.

衰败》全面描述了拜占庭社会的政治生活，并从拜占庭文化发展的角度考察拜占庭政治的演化。查尔斯·迪尔一生著述丰硕，涉及拜占庭帝国在拉文纳总督区的统治、在非洲行省的统治和查士丁尼一世等课题，对后代学者影响较大。他的《拜占庭帝国对拉文纳总督区的管理（586—751年）》和《拜占庭帝国时期的非洲（533—709年）》两本著述探讨了拜占庭帝国在拉文纳和迦太基总督区的管理模式，并指出总督区是后来军区制诞生的基础。① 这一类的专题研究还有法国学者奥萨雷赛斯的《6世纪末拜占庭帝国的军事战略——以〈莫里斯的战略〉为例考察》和德国学者哈特曼的《拜占庭帝国对意大利管理的历史探究（540—750年）》。②

保罗·格波特在其作品《伊斯兰崛起之前的拜占庭帝国》中对莫里斯的统治进行过细致的研究，探讨了帝国在这一时期的朝政、地方管理以及军队。但是第二卷的第三章"拜占庭帝国与多瑙河流域各民族关系"似乎没有完成。③

德国学者恩纳斯特·斯坦因在其著作《晚期罗马帝国史》中致力于探讨查士丁二世和提比略统治时期的历史，对莫里斯时期的历史涉猎有限，

---

① Charles Diehl. Byzangtium: Greatness and Decline [M]. trans. by Naomi Walford. New Jersey: University of Rutgers Press, 1957.
Charles Diehl. Etudes sur l'administration byzantine dans l'exarchate de Ravenne（568-751）[M]. Paris: Paris Editions You Feng, 1888.
Charles Diehl. L'Afrique byzantine: histoire de la domination byzantine en Afrique（533-709）[M]. Berkeley: University of California, 1896.

② F. Aussaresses. L' armee byzantine a la fin du VI siècle, d'apres le strategicon de l'empereur Maurice [M]. Paris: Paris Editions You Feng, 1909.
Ludo Moritz Hartman. Untersuchungen zur Geschichte der byzantinischen Verwaltung in Italien（540-750）[M]. Leipzig: Insel Verlag, 1889.

③ Paul Goubert, Byzance avant l'Islam [M]. Paris: Hachette Livre, 1951.

尽管他反复强调这一时期的重要性。①

美国学者马丁·哈金斯在 20 世纪 40 年代著有博士学位论文《莫里斯统治时期的波斯战争》，详细论述了莫里斯时期帝国对波斯战争实行的策略和战术以及具体的战争进程，并从编年史的角度厘清了这一时期波斯战争的大事年表。②

美国学者哈里·诺曼的博士学位论文《查士丁尼的继承者：查士丁二世和提比略时期的波斯和内政问题研究》按照时间顺序探讨了查士丁二世和提比略的内政外交和对波斯的战争，还论述了这一时期帝国与非基督徒少数群体的关系，帝国的经济政策、省区管理以及法律和建筑活动等问题，尽管其论述的范围并不包含莫里斯时期，但是他的研究为笔者进行莫里斯时代内政外交的研究奠定了重要基础。③

---

① Ernst Stein. Studien zur Geschichte des byzantinischen Reiches, vornehmlich unter den Kaisern Justinus Ⅱ und Tiberius Contantinus [M]. Stuttgart: University of Stuttgart Press, 1919.

② M. J. Higgins. The Persian war of the emperor Maurice (582-602), the chronology, with a brief history of the Persian calendar [M]. Washington: University of America Press, 1939.

③ Harry Norman Turtledove. The immediate successors of Justinian: a study of the Persian problem and of continuity and change in internal secular affairs in the later Roman empire during the reigns of Justin Ⅱ and Tiberius Ⅱ Constantine [M]. Los Angeles: Los Angeles ProQuest Dissertations Publishing, 1977.

第一章

危机与重塑：莫里斯改革的历史背景

第一节　莫里斯登上政治舞台

"莫里斯皇帝具有严格审慎、公正不阿的性格，在任期间履行着秉公执法的神圣职责，他唯恐行动草率、鲁莽而使国家遭遇损失，遇事总是三思而后行。他唯恐司法不公、屈枉不伸，犯罪之人逍遥法外。他的一天忙碌而充实，三个小时用来审判，两个小时用来处理朝政，两个小时用来聆听臣民诉求和发布诏令，两个小时用来吃饭，三个小时用来祈祷，四个小时睡觉，剩下八个小时用来做礼拜和背诵大卫的《诗篇》。无论环境和时令如何变化，每一件事情都被他安排得井然有序，生活起居也是非常有规律的。"这段典型描绘莫里斯虔诚和尽责的肖像出自匿名作家的《叙利亚的圣徒传记》之"莫里斯皇帝篇"①，此书大约完成于 622 年，即莫里斯皇帝死后第 20 年。作者在书中对莫里斯品德和功绩的高度颂扬或许失于

---

① R. Janin, ed. Syriac Hagiography, Volume Ⅲ ［M］. Cambridge：Cambridge University Press, 1964：103.

历史作品的真实性要求，但是文中关于莫里斯生活细节的很多记载颇具文献价值。根据拜占庭编年史家利奥·格拉姆玛提库斯的记载："莫里斯生于卡帕多西亚（Cappadocian），中等身材，壮实敦厚，皮肤略显苍白，圆脸、红发且有些许秃顶，鼻梁坚挺，不留胡须。"① 利奥的《编年史》着重记载莫里斯统治时期帝国在东方和巴尔干战场上所获得的成功，却忽视了对莫里斯如何当上皇帝以及政权被推翻等这类事件的记载。而写于10世纪的《编年史》，带有浓重的神学色彩，通过描写莫里斯的罪恶、忏悔以及上帝对他的惩罚和奖赏来彰显不能被证实的"永恒真理"，而作者认为上帝的永恒真理远比莫里斯所取得的短暂的军事胜利更重要。

与莫里斯同时代的作家对他的评价似乎更客观。教会史家埃瓦格留斯著有6卷本《教会史》，记述涉及431—594年的历史事件。他在其作品中这样描述这位未来的皇帝："提比略皇帝任命莫里斯为东方战区将军，'莫里斯'这个姓可以追溯到罗马共和时期古老的家族，但是他的近几代祖辈却生活在卡帕多西亚的阿尔比苏斯（Arbaissus）；他性格谨慎，略显害羞，遇事认真，从不鲁莽行事，也不为未来忧愁不安……"② 埃瓦格留斯对莫里斯的描述着墨不少，称赞其忠厚谦逊、温和稳健的性格，能分辨忠诚之人和奸佞小人，对周围奉承和诋毁的话从不放在心上。"无知、鲁莽、胆怯这些词汇都与他无缘，他具有勇敢、果断、公正和审慎等品质。"③ 在记载莫里斯指挥的东部作战方面，埃瓦格留斯更是不吝称颂，将战场上的胜利归结为莫里斯将军信仰的虔诚，而不是拜占庭士兵的勇敢与斗志。埃瓦

---

① Leo Grammaticus. Chronographia［M］. ed. E. Bekker. Bonn：CSHB, 1842：110.

② Evagrios Scholastikos. Ecclesiastical History［M］. Oxford：Oxford University Press, 1860：214-215.

③ Evagrios Scholastikos. Ecclesiastical History［M］. Oxford：Oxford University Press, 1860：216.

格留斯运用极其华丽的辞藻来描述皇帝莫里斯和皇后君士坦蒂娜的婚姻生活，形容莫里斯为"集虔诚和好运于一身、能掌握自身命运的杰出帝王"①。埃瓦格留斯声称自己对莫里斯略显夸张的描述只是一种称颂，而不是奉承，因为他认为莫里斯皇帝不可能读到他的作品，但是事实上莫里斯在皇子塞奥多西（Theodosius）的出生庆典上褒奖了埃瓦格留斯②，这就不能摆脱埃瓦格留斯有意借作品奉承当朝皇帝的嫌疑。在同时代作家曼南德尔的记载中同样对莫里斯有过称颂，例如，"他的性格虽然没有经历战争和宫廷斗争的锤炼，但是仍然表现得严肃、审慎和精准，个性中融合了两种截然相反的品质——严肃而又温和，一点也不傲慢和装模作样"③。在一封由当时法拉克王室呈往君士坦丁堡宫廷的书信中更能窥见同时代的人是如何褒奖莫里斯皇帝的："尊敬的皇帝陛下——基督的虔信者，和平的、伟大的、慷慨的、仁慈的我的陛下，战场上的常胜国王，永恒的奥古斯都——法兰克人国王吉尔德伯特（Childebert）向您致以崇高的敬意。"④以上这些褒义的评价似乎刻画出莫里斯是一位虔诚、有思想、富有同情心、温和的统治者，但莫里斯的真实面貌仍然是难以捉摸的，很难辨别哪些是真实的颂词，哪些是夸大的颂词。"各种证据的碎片联结起来就能形成一幅完整的图画。"⑤

　　尽管莫里斯具有良好的品性，但是在莫里斯的性格中还有不为人知的

① Evagrios Scholastikos. Ecclesiastical History [M]. Oxford: University of Oxford Press, 1860: 223.

② Evagrios Scholastikos. Ecclesiastical History [M]. Oxford: University of Oxford Press, 1860: 241.

③ Menander Protector. The History of Menander Protector [M]. Cambridge: University of Cambridge Press, 2013.

④ W. Gundlach ed. Epistolae Austrasicae [M]. Berlin: Weidmann, 1892: 42.

⑤ P. Allen. Evagrius Scholasticus the Church Historian [M]. Spicilegium sacrum Lovaniense, 1981: 14-15.

另一面。在东部前线，一次偶然发生的事件折射出莫里斯性格中的缺点。在军队内部拜占庭的军事长官与他们的盟军迦萨尼德人首领孟迪尔（Al-Mundir）发生纷争，莫里斯怀疑孟迪尔存在通敌行为。事件起因是连通帝国东部前线与波斯领土间的唯一一座桥梁被人为损坏，使拜占庭军队进攻的计划严重受挫。莫里斯将这一后果归结于迦萨尼德人的不作为，他认为孟迪尔有里通波斯的嫌疑，尽管后者一再解释那是一次军事失误。面对莫里斯的不信任，尽管提比略已表明此事不再追究，但已经在军队中受到排挤的孟迪尔王子最终率领手下将士逃往西西里。在这起事件中，莫里斯始终欠缺一个公正的态度，也没有展开认真细致的调查，这或许是由于他忌妒孟迪尔与王室的良好关系才会如此主观臆断将迦萨尼德人定罪。而这一事件的消极后果很快就显现出来，失去了迦萨尼德人这个盟友，拜占庭与波斯帝国之间也就失去了一个重要的战略缓冲地带。① 除此以外，罗马大主教格里高利在写给莫里斯表兄弟米利廷主教多米提安的信中有一段文字意在评价莫里斯的为人，"他似乎言行不一致，在熟悉的人面前从来不清晰地表明自己的主张，为人处世也非常谨慎"②。

对于莫里斯的早年经历，后人知道得并不多，记载莫里斯时期历史最主要的文献是西摩卡塔的《历史》，该作品主要记载的是帝国对波斯和巴尔干半岛蛮族部落的战争，对莫里斯的个人经历和君士坦丁堡的宫廷生活只是浮光掠影式的记载，不甚详细。根据文献记载，莫里斯于 582 年即位

---

① Evagrios Scholastikos. Ecclesiastical History ［M］. Oxford：University of Oxford Press，1860：206.
Theophylact Simocatta. History ［M］. Oxford：University of Oxford Press，1986：107.
John of Ephesus. The Third Part of the Ecclesiastical History of John，bishop of Ephesus ［M］. Oxford：University of Oxford Press，1860：85.

② Pope Gregory. Registrum Epistolarum，Volume Ⅲ ［M］. ed. by P. Ewald and L. Hartmann. Berlin：Nabu Press，2013：61.

成为拜占庭皇帝，此时他 43 岁，据此推断他应该生于 539 年。539 年正是查士丁尼统治的辉煌时刻，这一年拜占庭帝国重新恢复了对北非、西西里岛和罗马的统治，哥特人在意大利北部边境遭受重创，查士丁尼新建了圣索菲亚大教堂，由于 532 年拜占庭帝国与波斯帝国签订合约使得东部边境一度保持和平。莫里斯出生在卡帕多西亚东北部的阿尔比苏斯，该城在罗马帝国时期并没有特殊的地位，直到最近变成士兵的招募中心和通往东部战场的必经之地才凸显出它的战略重要性。埃瓦格留斯在其作品中记述，自己曾在与莫里斯的父母交谈中得知其从小怀揣梦想，且天资聪颖，预言其将来必定有伟大的前途①，然而埃瓦格留斯没有记载莫里斯年轻时候有什么固定的兴趣爱好。莫里斯较早从事的职业不是在军队②，根据以弗所的约翰记载，莫里斯在担任禁军统领（Count of the excubitor）之前一直从事着公证人（Notary）的工作③。公证人以前只是作为秘书，但是到了 6 世纪公证人主要的工作是监督和管理。此时的莫里斯作为公证人和提比略的秘书与波斯人展开秘密谈判，这些公证人的作用非常重要，他们经常被任命为大使出使各国以解决棘手或敏感问题，一旦问题得以解决，他们极易获得晋升的机会。④ 有两件事凸显出提比略对莫里斯的信任，第一件事是曼南德尔在其作品中记载的 578 年拜占庭和波斯帝国之间进行了一场艰难的外交谈判，双方的谈判代表分别是拜占庭宫廷医生扎查里阿斯

---

① Evagrios Scholastikos. Ecclesiastical History, Volume Ⅴ [M]. Oxford：University of Oxford Press, 1860：216-217.

② Menander Protector. The History of Menander Protector [M]. Cambridge：University of Cambridge Press, 2013.

③ John of Ephesus. The Third Part of the Ecclesiastical History of John, bishop of Ephesus, Volume Ⅵ [M]. Oxford：University of Oxford Press, 1860：27.

④ A. H. M. Jones. The Later Roman Empire, 284-602：A Social, Economic and Administrative Survey [M]. Baltimore：University of Johns Hopkins Press, 1986：572-575.

（Zacharias）与波斯贵族米波德斯（Mebodes），而知晓此次谈判内容和进程的除了提比略以外就是莫里斯了。两国的谈判主要围绕拜占庭帝国从波斯人手里买回达拉要塞这个议题展开，双方的谈判是秘密进行的，倘若消息被泄露出去，王室将难以向公众交代，因此提比略与扎查里阿斯之间的秘密通信都是经由莫里斯之手转交的。① 还有一件事是当查士丁二世去世以后，提比略成为帝国的皇帝，而此时波斯人在两国边境地区频频制造事端，意图挑起战火，在此紧急时刻莫里斯被提比略任命为东部军队将军。负责东部军务的人选必须是皇帝充分信任的，这不仅在于这一地区的战略重要性，还在于当时军队内部纷争不断，需要一位有足够能力和智慧的领导人来平息内部矛盾。② 显然提比略二世对莫里斯的军事才能是充分相信的，将他紧急派往东部前线，而莫里斯没有辜负提比略的信任，在与波斯人的战争中屡建奇功，为国家争取了巨大利益。

　　莫里斯的职位升迁是与其上司提比略的赏识和重用息息相关的。提比略曾经做过君士坦丁堡大教长尤提奇乌斯（Eutychius）的公证人，此后尤提奇乌斯将提比略推荐给查士丁尼皇帝的外甥查士丁做幕僚，随着查士丁二世 565 年成为皇帝，提比略的职位获得擢升，担任禁军统领。我们无从得知莫里斯是怎样获得提比略青睐的，但是他们之间的紧密关系至少在574 年 12 月就已经确定了，此时提比略晋升为恺撒来辅佐查士丁二世。查士丁二世有好几个亲戚有资格担任恺撒，比如马尔西安（Marcian）、巴杜

---

① Menander Protector. The History of Menander Protector ［M］. Cambridge：Cambridge University Press，2013：120.

② Evagrios Scholastikos. Ecclesiastical History，Volume Ⅴ ［M］. Oxford：University of Oxford Press，1860：19.
John of Ephesus. The Third Part of the Ecclesiastical History of John，bishop of Ephesus，Volume Ⅵ ［M］. Oxford：University of Oxford Press，1860：14.

里乌斯（Baduarius），但是他们之间尔虞我诈的斗争和性情专断残暴的皇后索菲亚已经使查士丁二世备受折磨，查士丁二世最终决定任命忠诚于自己的提比略为恺撒，而由提比略再举荐一个人担任禁军统领，专门负责保卫皇帝和宫廷的安全。

莫里斯随即被提比略举荐成为禁军统领，他被授予元老头衔，府邸位于君士坦丁堡塞奥多西广场北部的莫里安努斯（Maurianus）地区。[①] 接下来，他的事业发展继续依循着提比略的擢升路径，提比略恺撒于577年前后奉命前往巴尔干前线进剿阿瓦尔人，而此时的东方战线，拜占庭与波斯的战端重启，拜占庭军队统帅日耳曼努斯已战死沙场，在这一紧急时刻，莫里斯临危受命，接掌东部军队帅印。莫里斯上任之初的最重要工作是管理不服约束且唯利是图的外族雇佣军，并协调本国军队与雇佣军的关系和行动步调。[②] 考虑到莫里斯早年的非军事背景，他很有可能依赖专业军事幕僚的辅佐，如罗曼努斯（Romanus）、纳尔西斯（Narses）和约翰·麦斯塔肯（John Mystacon），这种现象在罗马共和国与帝国早期很普遍，但在3世纪以后不太常见。莫里斯的工作之一就是协调军事指挥官的不同意见，使他们的精力不至于消耗在无益的争吵当中。[③] 在578—580年对波斯人的战争中，莫里斯取得了不小的成功，但是此后他被迫放弃继续进攻美索不达米亚的冒险行为。在582年6月拜占庭军队在君士坦蒂娜城（Constantina）

[①] T. Preger, ed. Patria Constantinopoleos, Volume III [M]. Leipzig: Teubner Press, 1907: 42. R. Janin. Constantinople byzantine [M]. Paris: Institut français d'études byzantines, 1950: 386-387.

[②] Theophanes Confessor. The Chronicle of Theophanes Confessor, Byzantine and Near Eastern History AD284-813 [M]. Oxford: University of Oxford Press, 1997: 251.

[③] Theophanes Confessor. The Chronicle of Theophanes Confessor, Byzantine and Near Eastern History AD284-813 [M]. Oxford: University of Oxford Press, 1997: 251.

取得了一次重大胜利①，但是这场战事不是莫里斯亲自指挥的，因为此时莫里斯被紧急召回到君士坦丁堡②。

在查士丁二世去世后，578 年 10 月提比略继任皇位，但是仅过 4 年，582 年夏天，提比略由于身体欠安不得不选择接班人。当时继承皇位的候选人主要集中在莫里斯和杰曼努斯二人身上，后者是帝国驻非洲迦太基总督，最近刚升任为恺撒，他们分别娶了提比略的女儿君士坦蒂娜和查里图（Charito）为妻，双方的实力和地位相当。③ 提比略提拔杰曼努斯为恺撒，显然是不想让莫里斯成为唯一的接班人，这或许与 580 年莫里斯在迦萨尼德人问题上处理不当而引起提比略的不满有关。提比略原计划让两位恺撒对帝国东、西部分而治之，即莫里斯治理东方，杰曼努斯治理西方。杰曼努斯本出身于东哥特王室，因此他有强烈意愿治理意大利和非洲。根据尼基乌主教约翰的记载："杰曼努斯原本是提比略所钟爱的继承人，但是由于他个性过于谦卑致使皇权旁落。"④ 然而，我们有理由怀疑尼基乌的约翰的立场，因为他不满莫里斯的宗教政策，曾经猛烈地抨击莫里斯的所作所为与异教徒无异。图尔的格里高利在其作品中记载道："提比略皇帝向皇太后索菲亚咨询谁适合当未来的皇帝，索菲亚推荐莫里斯，称赞他坚韧勇

---

① Theophylact Simocatta. History［M］. trans. by Michael Whitby. Oxford：University of Oxford Press，1986：128.

② 根据以弗所约翰的记载，莫里斯启程离开东部前线的时间是 582 年 7 月初，抵达君士坦丁堡的时间已是 8 月 5 日。(John of Ephesus. The Third Part of the Ecclesiastical History of John, bishop of Ephesus, Volume Ⅵ［M］. Oxford：University of Oxford Press, 1860：28.)

③ Anon. Chronicon Paschale AD284-628 AD［M］. trans. by Michael Whitby. Liverpool：University of Liverpool Press, 1989：690.

④ John of Nikiu. The Chronicle of John, Bishop of Nikiu［M］. Oxford：University of Oxford Press, 1916：94.

敢而又充满智慧，在战场上指挥得力屡获战功，是不可多得的治国理政者。"① 然而，提比略联想到578年的继任风波中索菲亚的所作所为，这就使他怀疑索菲亚的立场是否公正。无论提比略为其继承人问题如何忧心、如何计划，一场突如其来的病打乱了这一切，他躺在病床上奄奄一息，莫里斯逼迫提比略宣召自己是皇位继承者，文官武将和教会贵族被紧急召回，提比略已经没有任何气力出声了，他委托君士坦丁堡市政长官（quaestor）约翰宣读圣旨②，圣旨中指定莫里斯为奥古斯都。第二天，提比略去世，这一天是582年8月14日，他的尸体被庄严隆重地带回君士坦丁堡，葬在圣使徒教堂。③ 关于提比略死亡的地点，史家们的说法不一，根据《复活节编年史》的记载，提比略去世的地点在赫布顿蒙（Hebdomon），尸体后来被运回君士坦丁堡。以弗所的约翰也支持这种说法，然而西摩卡塔认为提比略在大皇宫内去世，也同样是在大皇宫，提比略委派约翰在会众面前演说。④

关于杰曼努斯和查里图是否具有历史真实性，史家对此评述不一。在以弗所的约翰、塞奥发尼斯和约翰·仲纳拉斯的作品中都记载了杰曼努斯

---

① Martin Heinzelmann. Gregory of Tours : history and society in the sixth century, Volume Ⅵ [M]. Cambridge: Cambridge University Press, 2001: 30.

② 君士坦丁堡市政长官一职于359年设立，赋予其相当于罗马市市长的权力，使之地位与大政区总督一样，其职责包括君士坦丁堡及其郊区范围内的所有事务；另外，他还掌管君士坦丁堡的司法审判权，担任首都最高法官，对司法纠纷和疑难案件做出终审判决。（陈志强. 拜占庭帝国史 [M]. 北京：商务印书馆，2018：375. ）

③ Anon. Chronicon Paschale AD284 – 628 AD [M]. trans. by Michael Whitby. Liverpool: University of Liverpool Press, 1989: 668.

④ John of Ephesus. The Third Part of the Ecclesiastical History of John, bishop of Ephesus [M]. Oxford: University of Oxford Press, 1860: 13.
Theophylact Simocatta. History [M]. trans. by Michael Whitby. Oxford: University of Oxford Press, 1986: 50.

和莫里斯被任命为恺撒以及杰曼努斯迎娶查里图的内容①，但是这些记述留给后人许多疑问。几乎所有文献都没有提及杰曼努斯为何许人也，他的身份和地位无从考证，关于查里图的信息更是或缺，考虑到"查里图"这一奇怪的名字，有学者推断她只是个象征性的人物，现实中并不存在。②更使人感到困惑的是，在莫里斯被擢升恺撒之后的第八天，也就是 8 月 15日，莫里斯在提比略去世的当天登基成为皇帝，而杰曼努斯和查里图从此消失在历史的长河里。关于杰曼努斯是否具有历史真实性，我们从尼基乌主教约翰的作品中可以寻得蛛丝马迹，他在记述莫里斯登基之前，提到提比略曾经希望杰曼努斯继承皇位："但是由于他（杰曼努斯）太过谦逊，他拒绝了皇帝的要求。鉴于此，卡帕多西亚人莫里斯才有机会当上皇帝。"③ 关于查里图的真实存在性，可以从曼南德尔的记载中觅得证据。根据曼南德尔的记载，提比略有两个女儿。在 579 年西尔缪姆城被阿瓦尔人围攻且城门即将被攻破的紧急时刻，提比略派遣使者希望劝服阿瓦尔汗王放弃围攻此城，以两个女儿中的一个女儿嫁给汗王为劝和条件。④ 由于曼南德尔对提比略的记载较多，且与提比略生活在同一时代，因此他的记载具有较强的真实可靠性。其实没有必要怀疑查里图的真实性，或许在历史文献中她被冠以其他的名字。然而，在其他史家那里都只记载了提比略只有君士坦蒂娜这一个女儿。例如，在西摩卡塔的《历史》中丝毫没有提及

---

① Theophanes Confessor. The Chronicle of Theophanes Confessor, Byzantine and Near Eastern History AD284-813 [M]. Oxford: University of Oxford Press, 1997: 250.

② N. H. Baynes. The Literary Construction of the History of Theophylactus Simocatta [J]. Xenia: Hommage international a l'universite nationale de Grece, Athens, 1912: 32-41.

③ John of Nikiu. The Chronicle of John, Bishop of Nikiu [M]. Oxford: University of Oxford Press, 1916: 151.

④ Menander Protector. The History of Menander the Guardsman, Volume Ⅳ [M]. Liverpool: Liverpool University Press, 1985: 64.

杰曼努斯担任恺撒并与莫里斯竞争的内容，也没有提到查里图。他只是告诉我们临终之前提比略称赞了莫里斯的品行和能力，向文武大臣和人民郑重地推荐了这位继承人。当时，莫里斯43岁，与皇帝的关系密切，且具有多年的政治和军旅生涯。提比略称赞莫里斯"聪明，有智慧，具有稳定的品性，是驾驭国家这艘大船的适当人选，他同时也肩负着引导和保护君士坦蒂娜的重要责任"①。至于杰曼努斯和查里图是否真实存在，目前仍然是一个谜，需要进行更深入的研究。

提比略的去世带给人们巨大的悲痛。"由于这位伟大的富有爱心和怜悯之心的君主的去世，整个君士坦丁堡的民众都陷入悲痛中，更是由于他的英年早逝，民众无不为之叹息。根据多位作家记载，没有哪位皇帝的葬礼词是这样的，'这位给世界带来福音的使者长眠了，我们深切悼念，我们永远怀念'。"② 这段文字出现在12世纪编年史家叙利亚的米哈伊尔的作品中。而西摩卡塔对此事的记载是这样的："悲恸欲绝的人们涌向王宫，悼念这位已故国王，悲痛过后情绪逐渐平复，民众逐渐转入庆祝莫里斯登基的喜庆氛围中，因为回顾过去益处尚小，不如关注当下。"③ 根据多部编年史的记载，8月13日，莫里斯被宣告成为皇位继承者，他登基的时间是582年8月15日，同样是在这一天莫里斯迎娶了提比略的女儿君士坦蒂

---

① Theophylact Simocatta. History［M］. trans. by Michael Whitby. Oxford：University of Oxford Press，1986：51.

② Michael the Syrian. Chronicle of the Michael the Syrian（1166-1199）［M］. trans. by Chabot，Cambridge：Cambridge University Press，1960：354.

③ Theophylact Simocatta. History［M］. trans. by Michael Whitby. Oxford：University of Oxford Press，1986：53.

娜。① 在莫里斯的恺撒授予仪式上，提比略委托君士坦丁堡市市长约翰做了"告别演说"。在这份演说中，提比略的言辞饱含深情，阐述自己对国家、人民和家庭的责任以及被病魔缠身后的痛苦和无力之感，并衷心告诫莫里斯为君之道和治国理政的经验，其中的为君德行大致包括"理性""正义""智慧""谦虚""节制"和"仁慈"等。笔者通过分析比对发现，提比略对莫里斯的临终告诫与当年查士丁二世对提比略的临终建议内容大致相同②，这表明西摩卡塔在创作过程中深受阿戛培图斯·迪奥柯努斯的著作《厄克德西斯》的影响，该书总结了作为一位理想的基督徒皇帝所应具备的品质，由于其简洁明快的风格带给人们的阅读便利，使其成为这类体裁的代表作品。

《历史》所记载的开头几章或许显得过于沉重，例如，提比略是在病榻上当着文武百官的面指定莫里斯作为皇位继承人的，这似乎在暗示这位新任皇帝将会背负重担。提比略在弥留之际隐约听到天使所带来的预示，"在他有生之年，暴乱政变不会发生，只是莫里斯会被'暴乱者'福卡斯所推翻"③。西摩卡塔首先记载提比略葬礼上人们的悲痛，接下来才记载帝国军队在巴尔干半岛582—586年的战事。而埃瓦格留斯的记载不是这样，对莫里斯的登基记述很详细，对提比略的去世轻描淡写，唯一一处评论是

---

① Michael Whitby. Chronicon Paschale 284-628 AD [M]. Liverpool：University of Liverpool Press，1989：690.8-9.
　Theophanes Confessor. The Chronicle of Theophanes Confessor，Byzantine and Near Eastern History AD284-813 [M]. Oxford：University of Oxford Press，1997：252.1-13.
② Theophylact Simocatta. History [M]. trans. by Michael Whitby. Oxford：University of Oxford Press，1986：120.
　John of Ephesus. The Third Part of the Ecclesiastical History of John，bishop of Ephesus [M]. Oxford：University of Oxford Press，1860：55.
③ Theophylact Simocatta. History [M]. trans. by Michael Whitby. Oxford：University of Oxford Press，1986：53.

"提比略在去世前对帝国最好的馈赠在于指定了莫里斯作为其皇位的继承人"，他对提比略的葬礼只字未提①；埃瓦格留斯对莫里斯统治所记的第一件事就是莫里斯与君士坦蒂娜在秋天的婚礼，所记的婚礼现场宏伟壮观，幸福洋溢②。与之相反，西摩卡塔却要记完巴尔干战争和波斯战争的开启之后才记载王室婚礼。

关于莫里斯和君士坦蒂娜之间的婚姻生活及其相互关系，西摩卡塔对此记载有限。在罗马大主教格里高利的信件中提到了君士坦蒂娜的一些事迹。在其中的一封信中，格里高利拒绝了君士坦蒂娜的无理要求，后者请求格里高利将放置在罗马某处小教堂的圣使徒保罗的遗物赠送给她，以便她将这些珍贵的遗物装饰新修建的圣保罗教堂。③ 根据现代学者的研究，君士坦蒂娜是听取了君士坦丁堡大教长约翰四世（John Ⅳ）的建议才对格里高利提出了这项请求，约翰试图以此手段使格里高利感到困扰，使格里高利与皇后的关系变得紧张。④ 君士坦蒂娜似乎不太同意莫里斯的教会政策，有几封格里高利写给君士坦蒂娜的信中表明罗马教会感谢皇后站在"使徒彼得"的教会一边来反对他们在君士坦丁堡的敌人。⑤ 根据以弗所的约翰记载，查士丁二世的皇后索菲亚作风不正，查士丁二世去世后她一

---

① Evagrios Scholastikos. Ecclesiastical History［M］. Oxford：University of Oxford Press，1860：217.

② Evagrios Scholastikos. Ecclesiastical History［M］. Oxford：University of Oxford Press，1860：220.

③ Pope Gregory. Registrum Epistolarum［M］. ed. by P. Ewald and L. Hartmann. Berlin：Nabu Press，1899：30.

④ Thomas Hodgkin. Italy and her Invaders［M］. Oxford：Clarendon Press 1988：377.

⑤ Pope Gregory. Registrum Epistolarum［M］. ed. by P. Ewald and L. Hartmann. Berlin：Nabu Press，1899：39.

直在寻找合适的伴侣，但没有一个人满足得了她的条件。① 提比略上台后，索菲亚已不再是皇后，但她仍然具有权力的野心，给提比略及其家族制造了不少麻烦。当提比略还是恺撒的时候，索菲亚不允许提比略的妻子和孩子与他生活在一起。提比略只好偷偷地溜出宫与他的家人团聚，但这一情况很快就被索菲亚发现了，她蛮横地将提比略的妻子阿纳斯塔西亚（Anastasia）赶出君士坦丁堡。后来，经过提比略的一番艰苦斗争，阿纳斯塔西亚最终回到了皇宫，成了名正言顺的皇后，索菲亚对此难以接受，还是不停地制造事端。② 作为提比略和阿纳斯塔西亚的女儿，君士坦蒂娜从小就跟随母亲生活在飞扬跋扈的索菲亚压制下，对她当时的处境有清楚的认知。根据埃瓦格留斯的记载，君士坦蒂娜经常感慨于她早年的命运多舛，自从成为莫里斯的妻子、当上皇后之后，命运才得以改变。③

　　西摩卡塔在其作品中对君士坦蒂娜的母亲阿纳斯塔西亚只字未提。根据当时法兰克文献记载，东法兰克王国布尼吉德王后（Brunichild）致信给阿纳斯塔西亚，请求后者在莫里斯皇帝面前说情，请他释放充当人质多年的她的孙子回国。④ 布尼吉德致信阿纳斯塔西亚，而不是皇后君士坦蒂娜，是否因为布尼吉德认为阿纳斯塔西亚比君士坦蒂娜更能对自己的处境

---

① John of Ephesus. The third part of the Ecclesiastical History of John of Ephesus ［M］. Oxford：University of Oxford Press，1860：63.

② John of Ephesus. The third part of the Ecclesiastical History of John of Ephesus ［M］. Oxford：University of Oxford Press，1860：69.
Martin Heinzelmann. Gregory of Tours：history and society in the sixth century ［M］. Cambridge：University of Cambridge Press，2001：30.
Paul the Deacon. History of the Lombards ［M］. Philadelphia：University of Pennsylvania Press，2001：15.

③ Evagrios Scholastikos. Ecclesiastical History ［M］. Oxford：University of Oxford Press，1860：21.

④ W. Gundlach ed. Epistolae Austrasicae ［M］. Berlin：Weidmann. 2019：29.

深感同情和理解，抑或阿纳斯塔西亚在宫廷中的地位更高，对莫里斯的影响更大？当然，另外一种解释是，布尼吉德原本是要致信君士坦蒂娜的，但是她将两位皇后的名字弄混淆了。无论事实的真相如何，从这一事件中我们发现许多重要的信息是首先通过后宫进而使莫里斯皇帝知悉的。然而，根据现有的文献，莫里斯不会轻易地被其他人的意见影响，即使信息首先到达后宫，这对莫里斯做决策的影响也不大。

莫里斯和君士坦蒂娜组建了一个大家庭，育有六个儿子和三个女儿，王位继承人是塞奥多西，其他的儿子是提比略（Tiberius）、彼得（Peter）、保罗（Paul）、查士丁（Justin）和查士丁尼（Justinian）；三个女儿分别是阿纳斯塔西亚（Anastasia）、塞奥克蒂斯塔（Theoctiste）和克里奥帕特拉（Cleopatra）。① 在众多的文献史料中大多只简略地提及王位继承人塞奥多西，对其他几个子女的情况以及莫里斯与其家庭的关系所记不详。塞奥多西皇子是在莫里斯与君士坦蒂娜婚后一年出生的，当时取名为"塞奥多西"，却招来绿党人士的强烈反对，他们认为自君士坦丁大帝以来生于紫色寝宫的已有两位名为"塞奥多西"的皇帝，分别是塞奥多西一世和塞奥多西二世，现在这位初生的皇子不应该再叫塞奥多西。然而，在竞技场的民众为皇子的诞生高声欢呼："上帝真是恩待了你，因为你使我们从受支配的地步解脱出来。"这是以弗所的约翰关于皇子诞生的记载，其中似乎对当时的时局略有暗示。群众欢呼的意味在于根据以往的先例，受党派支持的有势力的人围绕王位展开激烈的争夺，他们往往代表党派的利益，而非普通民众的利益，民众希望婴儿的诞生可以给国家带来持久的和平和稳

---

① Anon. Chronicon Paschale AD284 - 628 AD ［M］. trans. by Michael Whitby. Liverpool：University of Liverpool Press，1989：693.

定。① 由于皇子的诞生，莫里斯的政策与前代皇帝相比也略有转变。以前的皇帝通常都是自由地选择成熟的、有才干的人继承皇位，而莫里斯则需要让他的儿子从小就学习处理政务的能力，以便将来堪当重任。莫里斯也不可能在自己身边扶持一位位高权重的人或有影响力的势力集团，他不希望将来有任何人或势力威胁到皇子的权力。莫里斯还采取措施与元老贵族联合，在塞奥多西年幼的时候就让他与元老院贵族加里努斯的女儿订婚。②

遗憾的是西摩卡塔加里努斯的记载有限，只记载了他的身份是"元老院成员"③。很多现代学者根据加里努斯的身份大胆推测，有的学者认为，这个加里努斯正是查士丁尼外甥的儿子，他的妻子是东哥特国王塞奥多里克（Theoderic）的孙女玛塔苏萨（Matasuentha）④；还有学者认为，这个加里努斯就是当年与莫里斯同为恺撒、娶提比略的女儿查里图为妻的那个杰曼努斯，他在莫里斯担任皇帝之后地位和荣誉并没有被剥夺⑤。以上两种推测都没有得到文献史料的证实。尽管西摩卡塔对杰曼努斯身份的记载有限，但他翔实地记载了莫里斯政权岌岌可危之时杰曼努斯的作为。通过观察杰曼努斯的所作所为，我们逐渐理解了当年他同意与王室联姻的动机，在他看来，与王室的联姻只是政治交易，是为了将来谋取更大利益的

---

① John of Ephesus. The third part of the Ecclesiastical History of John of Ephesus [M]. Oxford: University of Oxford Press, 1860: 114.
② Theophylact Simocatta. History [M]. trans. by Michael Whitby. Oxford: University of Oxford Press, 1986: 246.
Theophanes Confessor. The Chronicle of Theophanes Confessor, Byzantine and Near Eastern History AD284-813 [M]. Oxford: University of Oxford Press, 1997: 280.
③ Theophylact Simocatta. History [M]. trans. by Michael Whitby. Oxford: University of Oxford Press, 1986: 246.
④ Thomas Hodgkin. Italy and her Invaders [M]. Oxford: Clarendon Press, 1988: 641-644.
⑤ Wilhem Ensslin. Mauricius [J]. Byzantion. Volume XIV. 1966: 238-239.

一种手段，他不断积蓄实力，以便伺机而动。① 在莫里斯的最后几天，他亲眼看见了杰曼努斯图谋不轨的行为，他为此气愤不已。莫里斯为何在其统治的最后几天表现得如此气愤，在内忧外患、局面失控的情况下还不忘惩治皇子塞奥多西？② 这源于他怀疑塞奥多西与杰曼努斯沆瀣一气，图谋不轨。根据西摩卡塔的记载，602 年反叛的士兵推选杰曼努斯继任皇位。尽管杰曼努斯拒绝了士兵的要求，但是难以消解莫里斯心中的怒火。民众对贵族出身的杰曼努斯不信任，他们不同意杰曼努斯成为皇帝。③ 605 年，福卡斯统治期间，杰曼努斯和他的女儿被杀害。④

莫里斯的父亲名叫保罗（Paul），他有一个名叫彼得的兄弟和两个姐姐，两个姐姐分别是嫁给菲利普科斯将军为妻的歌迪亚（Gordia）和终生未嫁的塞奥蒂斯塔（Theoctista）。⑤ 像很多君主一样，莫里斯也倾向于提拔和重用自己的亲属，他当上皇帝以后为亲属的职位升迁提供了大量机会。⑥ 莫里斯重用亲属，任命他们为军事或行政官员，这难免引起人们的非议和忌妒，但是这并没有削弱民众对王室的信任基础，因为这些官员通常会为了莫里斯及其自身家族的荣誉而屡建功勋。在莫里斯的亲属中，最有影响力的人物是其表亲多米提安（Domitian），他于 577 年被任命为东部

---

① Anon. Chronicon Paschale AD284-628 AD［M］. trans. by Michael Whitby. Liverpool: University of Liverpool Press, 1989: 695.

② Theophylact Simocatta. History［M］. trans. by Michael Whitby. Oxford: University of Oxford Press, 1986: 253.

③ Theophylact Simocatta. History［M］. trans. by Michael Whitby. Oxford: University of Oxford Press, 1986: 252.

④ Theophanes Confessor. The Chronicle of Theophanes Confessor, Byzantine and Near Eastern History AD284-813［M］. Oxford: University of Oxford Press, 1997: 299.

⑤ John of Ephesus. The Third Part of the Ecclesiastical History of John, bishop of Ephesus［M］. Oxford: University of Oxford Press, 1860: 118.

⑥ John of Ephesus. The Third Part of the Ecclesiastical History of John, bishop of Ephesus［M］. Oxford: University of Oxford Press, 1860: 119.

战区将军，接着又被任命为米利提尼（Melitene）地区主教。莫里斯即位后，多米提安被召回朝廷委以重任，他被指派为拜占庭帝国驻波斯大使，当科斯罗伊斯二世逃难停留在帝国东部边境的时候，多米提安负责与这位波斯嗣君接触，并试图向其传播基督教，此外，莫里斯还于 597 年委托多米提安担任皇子的指导教师。① 在《历史》中，西摩卡塔这样评价多米提安，"他具有较强的执行力，擅长谋划，由于具备高超的智谋，而深受莫里斯的信任，被委派负责参与国家的很多重大行动"②。由此可见，莫里斯希望臣属首先要有智谋，其次必须对自己的意图和颁布的政策具有较强的执行力，这样才能获得重用。根据《格里高利书信集》，罗马大主教格里高利与多米提安保持着密切的交往，谨慎地维持着与他的关系，格里高利还与莫里斯的姐姐塞奥蒂斯塔和皇后君士坦蒂娜的关系非同一般。格里高利试图支配或影响莫里斯的信仰，希望在宗教问题上左右皇帝的决定，于是他希望获得王室成员的支持，因此与多米提安、塞奥蒂斯塔、君士坦蒂娜往来密切。另外，为了得到宫廷医生塞奥多利（Theodore）的支持，格里高利在寄给他的信中写道："您为王室服务，是皇帝身边最亲近的人，可以自由地与他交谈，希望您多考虑与他灵魂有益的事情并试图影响他，因为他被大量世俗事务缠身，却极少有时间来思考灵魂得救等更为重要的事情。"③ 另一部《奥斯特拉西亚王室书信集》收藏了几封东法兰克国王

---

① Theophylact Simocatta. History［M］. trans. by Michael Whitby. Oxford：University of Oxford Press，1986：155.

　 Evagrios Scholastikos. Ecclesiastical History［M］. Oxford：University of Oxford Press，1860：234.

② Theophylact Simocatta. History［M］. trans. by Michael Whitby. Oxford：University of Oxford Press，1986：259.

③ Pope Gregory. Registrum Epistolarum［M］. ed. by P. Ewald and L. Hartmann. Berlin：Nabu Press，1899：64.

查尔德伯特二世（Childebert Ⅱ）寄往君士坦丁堡的信。除了莫里斯本人，信的收件人还包括皇子塞奥多西、莫里斯的父亲保罗、岳母阿纳斯塔西亚、君士坦蒂娜皇后、多米提安和大教长约翰等。① 由此可见，外部势力经常通过拉拢或影响王室成员的手段来试图影响莫里斯的政策。

在莫里斯的军事幕僚中，他的姐夫菲利普科斯先是担任禁军统领，后调任东部战区将军。② 事实上，在莫里斯成为皇帝之前也是沿袭这样的升迁路径，由此可见，莫里斯试图依照前代皇帝的惯例在自己身边扶持足以担当重任的人，以便应对突发的紧急情况。菲利普科斯刚走马上任就对波斯帝国挑起战端，这一行动也与莫里斯军旅生涯的肇始行为极为相似，只不过莫里斯依靠的军事力量是从家乡卡帕多西亚所征召来的士兵。从当地征召士兵是莫里斯的革新之举，对后世影响深远。遗憾的是，由于文献史料的或缺使我们无从得知哪些政策是莫里斯时期制定的，哪些政策沿袭了前朝。③ 另外，莫里斯的兄弟彼得担任过军事督察（magister）一职，在莫里斯统治后半期，他被授予巴尔干战区将军职位。另外，两位杰出的将领不是莫里斯的亲属，他们是科蒙提奥鲁斯（Comentiolus）和普里斯哥（Priscus）。科蒙提奥鲁斯在巴尔干和东方战区分别担任一年将军之后，在提比略统治时期，他被调任君士坦丁堡任禁军统领④，他由此与莫里斯建立了良好的关系，莫里斯也十分信任他。普里斯哥在东方战区短暂地担任过将军一职，在此期间他致力于在军队实行莫里斯的军事改革，并于590

① W. Gundlach ed. Epistolae Austrasicae [M]. Berlin: Weidmann. 2019: 43-45.

② Evagrios Scholastikos. Ecclesiastical History [M]. Oxford: University of Oxford Press, 1860: 133.

③ John of Ephesus. The Third Part of the Ecclesiastical History of John, bishop of Ephesus [M]. Oxford: University of Oxford Press, 1860: 27.

④ A. H. M. Jones. The Later Roman Empire, 284-602: A Social, Economic and Administrative Survey [M]. Baltimore: University of Johns Hopkins Press, 1986: 658-659.

年左右调任至巴尔干战区，担任将军。在莫里斯政权垮台之后，彼得和科蒙提奥鲁斯以"莫里斯最有力的支持者"之名被福卡斯所杀，菲利普科斯则逃亡至修道院，终老一生。① 菲利普科斯的部将乔治（George）和彼得的部将帕拉昂提努斯（Praesentinus）也难逃厄运。② 只有普里斯哥存活下来且在福卡斯的新政权下得以重用，他于602年被任命为禁军统领，606年又娶了福卡斯的女儿为妻。③ 或许有两个因素使他得到福卡斯的青睐，首先，他在巴尔干半岛贯彻实施莫里斯的军事政策上不及彼得和科蒙提奥鲁斯忠诚和彻底；其次，当602年莫里斯政权垮台之际，他从亚美尼亚招募了一支军队，并立即派人与福卡斯接触，暗示自己的投诚立场。④

以上这四位将军是莫里斯政权中颇受皇帝信任的"第一层次"军事幕僚。此外还有"第二层次"军事官员，主要包括老伊拉克略，他先担任东部战区菲利普科斯和科蒙提奥鲁斯的副将，后来在莫里斯统治晚期（596年前后）担任迦太基总督；在578—580年莫里斯任东部战区将军时，元老罗曼努斯曾经作为莫里斯的部下屡建战功，他于589年准备进击波斯过程中被紧急任命为将军，之后指挥了拉兹卡战役（Lazica），590年莫里斯调任他为拉文纳总督，以抗击伦巴德人的进攻，直至596年罗曼努斯逝世；约翰·麦斯塔肯在582年之前一直担任莫里斯的部将，此后他担任东部战区将军，在587年阿瓦尔人入侵威胁之下被紧急任命为色雷斯军队将

---

① Anon. Chronicon Paschale AD284 – 628 AD ［M］. trans. by Michael Whitby. Liverpool：University of Liverpool Press，1989：695.

② Theophylact Simocatta. History ［M］. trans. by Michael Whitby. Oxford：University of Oxford Press，1986：261.

③ Theophanes Confessor. The Chronicle of Theophanes Confessor，Byzantine and Near Eastern History AD284-813 ［M］. Oxford：University of Oxford Press，1997：294. 11-13.

④ Theophylact Simocatta. History ［M］. trans. by Michael Whitby. Oxford：University of Oxford Press，1986：253.

军；纳尔西斯可能在 578 年担任过莫里斯的部将，591 年被任命为远征军将军帮助科斯罗伊斯二世恢复王位，他是莫里斯时期东部前线重要的军事指挥官之一。另外，还有很多中层军事官员，是从连级到师级的指挥官，他们大多来自日耳曼部族，如安西慕斯（Ansimuth）、阿瑞芬（Ariulph）、格德瑞（Godwin）和库尔斯（Curs）。

莫里斯对那些忠实贯彻其政策的将军青睐有加，但是他不能容忍任何人的低效、无能和失败。在东部前线，583 年，约翰·麦斯塔肯将军被解职的原因在于他战争中行动迟缓，贻误战机；587 年，菲利普科斯被解除将军职务，是因为在执行莫里斯财政改革政策时过于缓慢，虽然他的身体原因可以被视为解职的一个因素，但是在 589 年他被彻底解除所有职务，这一次是在他打输了一场仗之后发生的；591 年，科蒙提奥鲁斯被降为副职，因为他与科斯罗伊斯二世的合作失败；602 年，纳尔西斯在达拉城被解除将军之职，是因为科斯罗伊斯二世抱怨他的行动不够积极。在巴尔干半岛，普里斯哥在 588 年之前一直得到莫里斯的信任，但是在此后由于在阿瓦尔人的大举入侵面前应对不力被降职，593 年，由于他不能有效贯彻莫里斯的冬季作战策略，被再一次降职；594 年，彼得被解职也是由于他在战场上贯彻莫里斯作战策略时收效甚微。[①] 莫里斯政权中的主要军事将领的权力来自这位遥远的皇帝，一切的管理措施和军事行动须来自中央政府的授权，因此他们不敢掀起军事叛乱。实际上，在莫里斯统治期间，两次军事叛乱都是由中层军官领导的，588 年的加曼努斯和 602 年的福卡斯都是中层军官。

自 6 世纪以来，拜占庭帝国的君主不再统领军队奔赴前线作战，他们

---

① Theophylact Simocatta. History［M］. trans. by Michael Whitby. Oxford: University of Oxford Press, 1986: 69; 110; 165; 265; 204.

必须留在首都君士坦丁堡，但是曾经有一次莫里斯率领军队前去追剿阿瓦尔人，这一冒险的举动立即招致批评。[1] 从上任伊始，莫里斯便遵循传统的惯例，将军事指挥权交给值得信任的人，尽管莫里斯曾经是一位杰出的将领，具有丰富的指挥作战经验，但是他在挑选将领方面没有那么幸运。诚然，对于君主而言，挑选德才兼备的将领前去应对棘手的战局是一件非常困难的事情。的确，莫里斯在选人方面遇到了问题，他倾向于选择自己的亲戚或下属执掌帅印，但是这些人的能力通常都无法胜任。例如，他多次选派其兄弟彼得、姐夫菲利普科斯和部将科蒙提奥鲁斯轮番执掌帅印[2]，但是他们经常被莫里斯罢黜，代之以普里斯哥掌握帅印，然而普里斯哥也并不总是能得到莫里斯的信任[3]。军队高层将领职位的频繁变动必然导致军心不稳，出现骚乱也在所难免。显然，莫里斯缺少奥古斯都或查士丁尼大帝那种驾驭全局、运筹帷幄和调兵遣将的能力，即使他的幕僚中出现像阿古利巴（Agrippa）、贝利撒留或纳尔西斯这样杰出的将领也难以施展才华。莫里斯统治的20余年一直苦苦寻找品德和才能兼备的人才，但结果不甚理想。

对于莫里斯政权中的文职官员，文献史料中记载较少。根据《复活节编年史》的记载，在莫里斯统治时期一种新的财政官员职位——财务官（logothete）出现了[4]，但是没有关于这一官职与大区总督（praetorian

---

① Theophylact Simocatta. History ［M］. trans. by Michael Whitby. Oxford: University of Oxford Press, 1986: 185.

② Theophylact Simocatta. History ［M］. trans. by Michael Whitby. Oxford: University of Oxford Press, 1986: 210.

③ Theophylact Simocatta. History ［M］. trans. by Michael Whitby. Oxford: University of Oxford Press, 1986: 103.

④ Anon. Chronicon Paschale AD284－628 AD ［M］. trans, by Michael Whitby. Liverpool: University of Liverpool Press, 1989: 694.

prefects）或其他重要官职之间相互关系的信息。约翰·布瑞推测莫里斯此举旨在通过任命贵族为财政官员，从而与贵族结盟增强国家权力，因为贵族拥有过于独立的权力必然会削弱皇权。①但是没有其他文献史料来支持这种说法。莫里斯与以前的皇帝一样，依靠亲属或亲信进行统治，把他们任命到重要的岗位，如果与莫里斯没有这些关系，则主要依靠自身的聪明才智；若立有战功，则有机会与皇帝建立密切的关系，这些人形成了势力团体。如果说莫里斯时期与以前相比有什么发展，那就是这一时期皇帝与党派之间的利益渐趋一致，并且莫里斯可以收买党派领袖以达到控制民意的目的。在《历史》中提到莫里斯将蓝党和绿党领袖召进宫，详细询问他们各自的成员数量和近期动向，并试图施以官方影响。②

第二节　国家状况与改革动因

从本质上来说，莫里斯继承下来的国家是"罗马式的"或"晚期罗马式的"。最初阶段的拜占庭帝国实际上就是晚期罗马帝国，其全部生活笼罩着罗马色彩，罗马的政治观念决定着拜占庭帝国的政治架构，而罗马人的普世思想决定着拜占庭与外部世界的关系。拜占庭帝国作为罗马帝国的继承者，以罗马人特有的国家观念聚拢着众多民族，致力于成为一个统一、强大的帝国，它宣称拥有以前属于罗马帝国的所有地区，并囊括当时

---

① J. B. Bury. A History of the Later Roman Empire from the Death of Theodosius I to the Death of Justinian［M］. New York：St. Martin's Press，1958：92-94.

② Theophylact Simocatta. History［M］. trans. by Michael Whitby. Oxford：University of Oxford Press，1986：251.

基督教世界的所有疆域。① 从查士丁尼到莫里斯，早期拜占庭帝国的君主无不对这一梦想孜孜以求。以莫里斯时代为例，在东方，莫里斯的权力延伸到亚美尼亚高地，甚至到了毗邻叙利亚和阿拉伯沙漠的中亚"边缘地带"；在西方，帝国的权威越过巴尔干半岛，直抵非洲、意大利一部分和西班牙南部地区。然而，拜占庭的实际影响力却远远超出上述范围，莫里斯能干预法兰克墨洛温王朝和伦巴德人的内部事务，能获得来自外高加索地区的若干小国的支持，能在阿拉伯沙漠各部落中纵横捭阖。莫里斯统治时期，罗马大主教格里高利收到奥古斯丁（Augustine）成功使不列颠南部萨克森王国皈依基督教的好消息，与此同时，来自突厥的使节带来了关于中亚和中国事务的重要消息。由此可见，这位君士坦丁堡的皇帝俨然在当时世界舞台上扮演着重要角色。

拜占庭帝国内部仍然保留着传统的文明特征，许多城市的壮观景象仍然一览无余，尽管自然灾害使得人口逐渐减少，灾害频发使得公共建筑多有损毁，政府难以提供修缮，教会机构比世俗官方机构对地方的管理更为高效，但是这些特征只是现存衰败趋势的一部分，而不是新的危机。在巴尔干半岛，蛮族入侵的确终止了一些地区的城市生活，但是在东部省份的城市依然持续发展，尤其是在591年拜占庭与波斯帝国签订合约之后，这些东部城市有了较大程度的复兴。比如，在安条克附近、小亚细亚南岸和安纳托利亚中心地区的一些较大的村庄和城镇呈现出一派繁荣的景象。

莫里斯即位之初确实遇到了很大问题。查士丁尼大帝的辉煌成就为其继任者投下了黑暗的阴影，尽管查士丁尼取得了诸多成功，但他还是给其后人留下了一个内力耗尽、财政经济几近崩溃的帝国，继任的君主不得不

---

① 乔治·奥斯特洛格尔斯基. 拜占庭帝国［M］. 陈志强，译. 西宁：青海人民出版社，2006：23.

纠正一个伟大人物为挽救帝国而犯下的重大错误。565 年，查士丁尼留下的帝国是不稳定的，边界虽然保持和平，却以支付高额贡金为代价；内部及宗教纷争如火如荼，自然灾害导致的经济萧条日趋严重，由于灾后重建和支付贡金，国家的财政难以为继。查士丁二世即位之后，通过制定审慎的政策和平稳的控制，终于使国家维持到了一个"脆弱的"平衡状态，但这不是查士丁二世的风格，他也试图建立很多"形象工程"来彰显帝国的光荣。由于查士丁二世的努力，改变了查士丁尼的宗教政策，制定了一个能调和一性论信仰（Monophysite）和卡尔西顿信仰（Chalcedonian）分歧的规则；另外，他把注意力放在怎样提高国家税收上，并建立财政储备金制度。① 然而，这些有益的措施却被他激进的对外政策带来的恶果所抵消，572 年，查士丁二世勇敢地拒绝向波斯国王继续缴纳贡金，他打破了查士丁尼辛辛苦苦订立的合约，导致了长期且消耗巨大的战争，而战争主要是为争夺极为重要的战略和经济要地亚美尼亚。与此同时，帝国对阿瓦尔人的威胁却重视不够，阿瓦尔人急剧增长的实力已经成为多瑙河前线最严重的威胁，伦巴德人也正是由于阿瓦尔人的威胁，才举族迁徙至意大利北部。在波斯战争中，由于拜占庭帝国丧失东部边防重镇达拉（Dara），查士丁二世经受不了刺激而精神失常，578 年查士丁二世继任者提比略遂将重点放在如何加强东部防线上。不过此时巴尔干半岛的防线出现疏漏，斯拉夫人和阿瓦尔人很快就找到了进攻的机会。处于意大利边陲的拜占庭势力在伦巴德人的频繁进攻下只能寻求自保。战争的巨大成本加上提比略的挥霍无度，很快便将查士丁二世辛苦累积的财富耗之殆尽。

---

① 关于查士丁所推行的财政政策，参见 A. M. Cameron. Early Byzantine Kaiserkritik：Two Case Histories ［J］. Byzantine and Modern Greek Studies，1977，3：1–17；关于查士丁所推行的宗教调和政策，参见 P. Allen. Evagrius Scholasticus the Church Historian ［J］. Spicilegium Sacrum Lovaniense. 1981，4：21–27.

　　事实上，莫里斯不得不认真处理自查士丁二世以来遗留下来的政治、军事问题，尤其是国库空虚导致种种军事问题难以解决，莫里斯即位以后采取卓有成效的政策解决了上述问题，因此他被奥斯特洛格尔斯基誉为"最杰出的拜占庭君主之一"，"其统治标志着转型时期极为重要的阶段，即陈旧过时的晚期罗马帝国向具有崭新的充满活力的组织结构的中世纪拜占庭帝国的转变"①。在东部战线，经过长达 20 年的战争，至莫里斯时期出现了有利于拜占庭帝国的趋势：拜占庭对边境城市达拉和玛尔提罗波利斯恢复主权，拜占庭控制了底格里斯河北部城市阿扎尼尼（Arzanene）、阿贝拉行省（Iberia）和波萨美尼亚（Persarmenia）的大部分，而且波斯帝国年轻的国王科斯罗伊斯二世由于受惠于莫里斯皇帝的帮助，对拜占庭奉行和平友好的政策，双方自 591 年便签署和平协议；在巴尔干半岛，拜占庭军队缓慢但稳步地推进多瑙河沿岸的驻防建设，重新恢复了帝国在多瑙河沿岸地区的权威。莫里斯皇帝的主要注意力似乎只关注于上述两个地区——大部分的文献资料都是如此记载，但是莫里斯同样也在巩固帝国西部领土上的权威。在意大利和非洲，莫里斯重新组建查士丁尼收复领土上残破的管理机构，建立起拉文那和迦太基两个总督区，通过确立严格的军事建制，适当加强了帝国在当地的防务。北非地区和从伦巴德人入侵挽救下来的拉文那周围地区被组建其军事防线，当地全部的行政管理、军事都被置于总督的权力管辖之下，这两个总督区成为西方拜占庭势力的前哨站。总督们提高和加固了军事组织在各自领地范围内的地位，通过高度的军事组织化，迦太基总督杰纳迪乌斯（Gennadius）打退了摩尔人的进攻，

---

①　乔治·奥斯特洛格尔斯基. 拜占庭帝国 [M]. 陈志强，译. 西宁：青海人民出版社，2006：58.

并且维持了一个世纪的和平。① 在拉文那，罗曼努斯（Romanus）总督在波河流域组织起积极的进攻，将拜占庭的实际控制范围北移至亚平宁山脉，虽然莫里斯没有能力为意大利防线投入足够的人力和财力，但是由于伦巴德王国的分裂，确保了意大利半岛几十年的和平。在西班牙，尽管西哥特王国丢失了科尔多瓦（Cordoba），但是拜占庭势力只能蜷缩在有限的塞维利亚（Seville）和卡塔赫纳（Cartagena）一隅。莫里斯主张对高卢的墨洛温王朝发挥影响，特别是扣留奥斯特拉西亚（Austrasia）王室的王子英格尼德（Ingund）及其子阿萨纳戈德（Athanagild）作为人质②，他们二人于583年在西班牙落入拜占庭人之手，莫里斯通过这一手段发挥帝国对墨洛温王朝的影响。584年，莫里斯支持法兰克公爵贡多瓦尔德竞争勃艮第的王位，虽然无果而终，但是贡多瓦尔德引来法兰克人对伦巴德的干预，并于585年组织法兰克对伦巴德的第二次入侵。由此可见，通过扣押人质的方式控制各蛮族王国是拜占庭帝国在西方发挥影响力的重要手段之一。③

莫里斯的成功一部分归结于幸运，因为波斯帝国的内战使得莫里斯有机会恢复东部的和平，但是莫里斯成功的主要原因在于秉持公正的管理观念、军事资源的合理有效配置，在用人方面也颇有成效，这主要体现在所任用的人不仅要有才能，而且要能充分贯彻莫里斯的战略意图。历史文献对莫里斯时期拜占庭帝国的行政管理所记不详，但是值得注意的几件事

---

① Theophylact Simocatta. History [M]. trans. by Michael Whitby. Oxford: University of Oxford Press, 1986: 249.

② 奥斯特拉西亚（Austrasia）是中世纪初期欧洲王国，在墨洛温王朝（6—8世纪）时，这里是东法兰克王国，而纽斯特里亚则是西法兰克王国。范围相当于今天的法国东北部和德国中部，首都在梅斯，后来成为加洛林帝国的一部分。

③ W. Goffart. Byzantine Policy in the West under Tiberius Ⅱ and Maurice: The Pretenders Hermenegild and Gundovald (579-585) [J]. Traditio, 1957, 13: 73-118.

是，莫里斯曾经任命行省长官利奥提乌斯（Leontius）去调查意大利和西西里的事务，利奥提乌斯发现当地一些高级官员的陈腐作风，并及时上报，此后莫里斯对这些腐败官员加以严惩，尽管这些人此前一直受到罗马大主教格里高利的保护①；在对失事货船的责任认定中，如果私人货船要负主要责任，则由国家没收船上的谷物，如何对这部分谷物进行存储和管理，莫里斯专门制定法律加以明确②；在莫里斯统治时期，国家新设一种行政官职——财务官（logothete），在《复活节编年史》中对此有明确记载③。这类官员主要负责军队财政的管理，④ 莫里斯统治期间最后一任财务官由君士坦丁·拉迪斯（Constantine Lardys）担任，602 年随着莫里斯政权的垮台，他选择逃亡之路，但最终被福卡斯的走卒所杀害⑤。莫里斯对军队建设和管理的重视反映在以其名字命名的同时期军事手册《莫里斯的战略》一书中，此书完成于莫里斯统治的后半期，为军事训练和怎样选择最优的策略来应对不同的敌人等提供指导。在 6 世纪 80 年代，许多将军不遗余力地努力提高军队的训练强度和质量，以提高军队战斗力，例如，574—575 年查士丁尼的儿子加曼努斯将军，578 年莫里斯将军，584—585

---

① Pope Gregory. Registrum Epistolarum ［M］. ed. by P. Ewald and L. Hartmann. Berlin：Nabu Press，1899：130.

② John of Nikiu. The Chronicle of John, Bishop of Nikiu ［M］. Oxford：University of Oxford Press，1916：151.
Menander Protector. The History of Menander the Guardsman ［M］. trans. by Roger C. Blockley. Liverpool：Liverpool University Press. 1985：103.

③ Anon. Chronicon Paschale AD284－628 AD ［M］. trans. by Michael Whitby. Liverpool：University of Liverpool Press，1989：694.

④ J. F. Haldon. Recruitment and Conscription in the Byzantine Army c. 550-950：A Study on the Origins of the Stratiotika Ktemata ［J］，Vienna，1979：33-34.

⑤ Theophylact Simocatta. History ［M］. trans. by Michael Whitby. Oxford：University of Oxford Press，1986：261.

年菲利普科斯①。所有这些措施旨在提高拜占庭军队的战斗力，使之能在莫里斯统治后期击退阿瓦尔人的入侵。在莫里斯统治期间，帝国的对外事务取得了较大成功，在西摩卡塔的《历史》中对此有大量记载，细节描述也十分详尽。② 尽管如此，笔者仍试图依据《历史》和其他文献史料对帝国的内部事务做一概述，将关注的重点放在君士坦丁堡，而《历史》也有一些关于京城庆典和宫廷仪式的细节描写，这为笔者的参照比对提供了条件。根据塞奥发尼斯《编年史》和《复活节编年史》的记载，莫里斯曾两次举行纪念登基庆典仪式，一次是在 583 年 12 月 25 日举行的纪念登基 1 周年庆典③，另一次是在 602 年 7 月 6 日纪念登基 20 周年庆典④。每一次庆典他都竭力避免庞大的开支，但每一次都对民众和官员施以福利。⑤ 583年 8 月 4 日，皇后君士坦蒂娜为莫里斯生下一个儿子，这是自塞奥多西二世以来宫廷里所生的第一个皇子，因此他被取名为塞奥多西，并认罗马大主教格里高利为教父。590 年复活节（3 月 26 日），塞奥多西被确定为皇位继承人，但在官方文献中找不到与此相关的记载。⑥ 莫里斯的其他七个

---

① Theophylact Simocatta. History［M］. trans. by Michael Whitby. Oxford：University of Oxford Press, 1986：122.

Menander Protector. The History of Menander the Guardsman ［M］. trans. by Roger C. Blockley. Liverpool：Liverpool University Press. 1985：23.

Evagrios Scholastikos. Ecclesiastical History ［M］. ed. J. Bidez and L. Parmentier. Oxford：University of Oxford Press, 1860：224.

② A. M. Cameron. Agathias ［M］. Cambridge：University of Cambridge Press, 2012：11.

③ Theophanes Confessor. The Chronicle of Theophanes Confessor, Byzantine and Near Eastern History AD284−813 ［M］. Oxford：University of Oxford Press, 1997：253.

④ Anon. Chronicon Paschale AD284 − 628 AD ［M］. trans. by Michael Whitby. Liverpool：University of Liverpool Press, 1989：693.

⑤ M. F. Hendy. Studies in the Byzantine Monetary Economy c. 300 − 1450 ［M］. Cambridge：University of Cambridge Press 1985：193.

⑥ Anon. Chronicon Paschale AD284 − 628 AD ［M］. trans. by Michael Whitby. Liverpool：University of Liverpool Press, 1989：691.

子女分别是：提比略、彼得、保罗、查士丁、阿纳斯塔西亚、塞奥蒂斯塔和克莱奥帕特拉。① 莫里斯政权垮台之后，王室成员开始了痛苦的逃亡之路。此后，男孩被福卡斯派去的追兵所杀；女孩则跟随她们的母亲躲入圣玛玛斯修道院（St Mamas）和米塔诺尼亚修道院（the Nea Metanoia），直到 604 年被发现后处死。②

根据以弗所的约翰的记载，莫里斯在即位之初就发现国库空虚，他不得不采取紧缩的财政政策。约翰是一位审慎、严谨的历史学家，对所记内容大多客观真实，他写道："如果国库中还存有黄金，莫里斯就不会削减军费开支和实行紧缩的财政政策，莫里斯曾经说过，'我不能分散国家财富，只能累积点滴财富以确保国家的安全'。"③ 由于莫里斯实行紧缩政策，取消很多日常开销，因此容易被民众误解、嘲笑甚至奚落，说他贪婪、吝啬和狭隘，只会提拔自己的亲属等。这些反莫里斯的言论在 588 年的东部军队中甚嚣尘上，于是被叛乱者大加利用。莫里斯在军队中削减开支的措施，使得叛乱士兵十分愤怒，他们推倒莫里斯的雕像，声称不能接受"吝啬之徒"的统治。④ 尼基乌的约翰是这样记载的："现在莫里斯继承了'上帝所爱的'提比略的皇位，他是多么贪婪的一个人啊！""由于莫里斯皇帝对金钱的过分贪恋，现在他不得不面对大批骚乱人群的抗议。莫里斯只好卖掉埃及的粮食以换取黄金，同样地将君士坦丁堡的谷物卖掉

---

① Anon. Chronicon Paschale AD284 - 628 AD ［M］. trans. by Michael Whitby. Liverpool：University of Liverpool Press，1989：693.

② T. Preger, ed. Patria Constantinopoleos ［M］. Leipzig：Teubner Press，1907：185.

③ John of Ephesus. The third part of the Ecclesiastical History of John of Ephesus ［M］. Oxford：University of Oxford Press，1860：206.

④ Theophylact Simocatta. History ［M］. trans. by Michael Whitby. Oxford：University of Oxford Press，1986：106.

换取黄金。"① 在整个莫里斯统治期间，国库空虚是经常发生的，与提比略大肆开支形成鲜明对比的是，莫里斯实行紧缩财政政策，这使他难以获得民众的支持。由于国家无法负担前线作战庞大的军费开支，连年的战争再加上国家对军队的后勤保障无法跟上，使得福卡斯领导的叛乱最终爆发。然而，由于莫里斯一直以来强迫自己形成节俭的习惯，以致在他统治后期出现了可以慷慨大方的机会却不能适应。莫里斯从国库中拿出 30 塔兰特（talents）用以修建君士坦丁堡高架渠②，并免除灌溉设施附近居民 1/3 的税收③，正因为如此，602 年君士坦丁堡的部分民众借机辱骂莫里斯为"马尔西安主义者"（the Marcianist）④。

当莫里斯第一次执掌东方军队帅印的时候，他就清楚地意识到军队内部出现骚乱的原因之一是士气低下和纪律不严格。为了改变这一状况，他严肃军纪，提升士气。例如，他命令士兵在不打仗的时候从事一些诸如修路和修建营地等有益的活动，但是这些举措招来很多士兵的怨恨。根据利奥《编年史》的记载，这位未来皇帝的性格中存在严守纪律、不通人情的

---

① John of Nikiu. The Chronicle of John, Bishop of Nikiu［M］. Oxford：University of Oxford Press, 1916：95.

② 塔兰特（talents）：古代中东和希腊—罗马世界使用的质量单位和货币单位。当用作货币单位时，塔兰特是指 1 塔兰同重的黄金或白银，一些权威学者认为古代罗马人衡量贵金属所用的塔兰特的实际质量在 20 至 40 千克之间。

③ Theophylact Simocatta. History［M］. trans. by Michael Whitby Oxford：University of Oxford Press, 1986：263.

④ Theophylact Simocatta. History［M］. trans. by Michael Whitby Oxford：University of Oxford Press, 1986：254.
Theophanes Confessor. The Chronicle of Theophanes Confessor, Byzantine and Near Eastern History AD284-813［M］. Oxford：University of Oxford Press, 1997：288. 所谓"马尔西安主义"，是指当时的一个基督教异端派别，他们反对正常的慈善标准，反对救济那些由于蛮族的袭击而沦为乞丐和寡妇的人。

一面，但是这些措施确实使低迷的士气得以改观，使军队的纪律严明有效。① 莫里斯在担任将军时便深知士兵发生暴乱的重要原因在于支付军饷的时间经常被推迟，或者军饷的数量被扣减，军队内部怨声载道。莫里斯当上皇帝以后通常被人封上"吝啬鬼"的名号，他自己也曾经为此辩解："如果不节俭政府和宫廷的开支，怎么能满足前方军队的需要？"② 尽管莫里斯是一个节俭的人，但是他清楚地意识到自身履行慈善的责任，因此在他一生中从来不乏慈善的行为，他经常施舍穷人、修缮教堂和资助修道院。根据文献记载，莫里斯对待家人从来都不吝啬，事实上，他经常遭受别人对他"优待亲属，任人唯亲"的指责。根据以弗所的约翰的记载，在莫里斯登基之前，他就组建了一支亲属团前往君士坦丁堡观礼，其中包括他的父亲、母亲、一个兄弟和两个姐妹，这两个姐妹中一个是寡妇，另一个是菲利普科斯的妻子。③ 他的父亲后来荣升为元老院成员，并被赐予大量土地和金银财宝。莫里斯还将地产赐予两个姐妹，不过这些地产的所有权都归属于王室。④ 这似乎给我们一种印象，即莫里斯试图建立强大的王权，以降低或抵制其他势力的权威或影响。莫里斯曾经慷慨地赠予其家乡阿尔比苏斯地方政府大量的礼物和金钱，其实阿尔比苏斯在帝国众多城市中的地位并不显著。此后不久，阿尔比苏斯在一场地震中受损严重，莫里斯于是决定从国库中专门设立重建基金，不过莫里斯并不清楚上帝是否同

---

① Leo Grammaticus. Chronographia [M]. ed. E. Bekker. Bonn：CSHB, 1842：130.

② Theophylact Simocatta. History [M]. trans. by Michael Whitby. Oxford：University of Oxford Press, 1986：91.

③ John of Ephesus. The third part of the Ecclesiastical History of John of Ephesus [M]. Oxford：University of Oxford Press, 1860：18.

④ John of Ephesus. The third part of the Ecclesiastical History of John of Ephesus [M]. Oxford：University Oxford Press, 1860：19.

意他这样做，对此他一直心存疑虑，这是以弗所的约翰为我们留下的记载。①

　　莫里斯和他的幕僚继续延续查士丁二世以来宏伟的建筑规划。查士丁二世关注的是如何通过建筑来彰显帝国的荣耀，而莫里斯则通过建筑来增进民众的福祉。由于经济上的原因，建设的进度是缓慢的，有两项工程从提比略时期就已经开工建设，但直到莫里斯时期的 587 年和 590 年才得以竣工，这两项工程分别是布莱彻奈公共浴池（Blachernae）和四十圣徒教堂（the church of the Forty Martyrs）。② 莫里斯继续完成提比略时期既已开工的贝亚斯（Bryas）和达马特里（Damatry）的宫殿建设，这两项工程具体什么时间竣工目前尚不清楚。③ 莫里斯时期着手开展的建筑活动主要是兴建宗教机构和慈善机构，重建被大火焚烧的圣塞奥多拉教堂（St. Theodore），建设圣乔治教堂（St. George），在卡瑞纳斯地区（Carianus）兴建救济院，在加拉大地区（Galata）兴建麻风病医院，兴建米洛西拉顿修道院（Myroceraton）。④ 莫里斯还把耶稣的雕像竖立在君士坦丁堡大皇宫的入口。同样地，莫里斯还修建了许多世俗建筑，例如，维修索菲亚旧宫殿，以便为其岳母阿纳斯塔西亚提供住所；在面向黄金角海湾的城墙外围

---

① John of Ephesus. The third part of the Ecclesiastical History of John of Ephesus ［M］. Oxford: University of Oxford Press, 1860: 22-23.

② Theophanes Confessor. The Chronicle of Theophanes Confessor, Byzantine and Near Eastern History AD284-813 ［M］. Oxford: University of Oxford Press, 1997: 261; 267.

③ T. Preger, ed. Patria Constantinopoleos ［M］. Leipzig: Teubner Press, 1907: 170-171.

④ T. Preger, ed. Patria Constantinopoleos ［M］. Leipzig: Teubner Press, 1907: 194.

修建武器库①；在玛格老拉（Magnaura）修建环形的排屋②；维修高架渠③；为了表现皇室的威望，在卡瑞纳斯地区的柱廊描绘有莫里斯早期生活和成就的画像④。此外，许多王公贵胄也兴建教堂或修道院，例如，菲利普科斯在察尔西顿修建圣母修道院，莫里斯妹妹歌迪亚在塞罗西科斯（Xerocircus）修建圣玛玛斯修道院，彼得将军在艾奥宾都斯（Areobindus）修建圣母教堂，宫廷总管斯蒂芬在阿玛图斯（Armatus）修建救济院和浴池。⑤ 在其他地方，由莫里斯出资、格里高利大主教负责重修安条克的圆形竞技场，莫里斯还在其家乡阿尔比苏斯装饰和修缮公共建筑，其中包括对当地教堂和救济院进行装修，对受到地震破坏的城墙进行修缮⑥；莫里斯还为受到阿瓦尔人入侵破坏的赫拉克利亚的格西里亚教堂（Glyceria）和塔苏斯城（Tarsus）的圣保罗教堂提供修缮资金⑦。除了以上这些建筑工程，莫里斯还在首都君士坦丁堡修建了许多纪念碑和雕像。

莫里斯作为一位文学资助者而获得了良好的声誉和评价。曼南德尔声称自己痴迷于诗歌和历史，经常夜以继日地学习和创作，他坦承自己进行历史创作的事业受惠于莫里斯皇帝的鼓励和资助。⑧ 埃瓦格留斯是另一位

① T. Preger, ed. Patria Constantinopoleos [M]. Leipzig：Teubner Press, 1907：155.

② Theophanes Confessor. The Chronicle of Theophanes Confessor, Byzantine and Near Eastern History AD284-813 [M]. Oxford：University of Oxford Press, 1997：274.

③ Theophylact Simocatta. History [M]. trans. by Michael Whitby. Oxford：University of Oxford Press, 1986：263.

④ Leo Grammaticus. Chronographia [M]. ed. E. Bekker. Bonn：CSHB, 1842：138.

⑤ T. Preger, ed. Patria Constantinopoleos [M]. Leipzig：Teubner Press, 1907：185.

⑥ John of Ephesus. The third part of the Ecclesiastical History of John of Ephesus [M]. Oxford：University of Oxford Press, 1860：17；22-23.

⑦ Theophylact Simocatta. History [M]. trans. by Michael Whitby. Oxford：University of Oxford Press, 1986：189；263.

⑧ Menander Protector. The History of Menander the Guardsman [M]. trans. by Roger C. Blockley. Liverpool：Liverpool University Press. 1985：18-28.

受惠者，由于被莫里斯任命为驻外使节，作为回馈，583 年，埃瓦格留斯在皇子塞奥多西的生日庆典上将自己的作品呈献给皇帝。① 在《历史》中，西摩卡塔也称赞莫里斯慷慨资助那些"为写作而奋斗的人"②。

拜占庭帝国东方各省区的民众和僧侣以信奉基督"一性论"为主，该派主张基督的人性完全结合进其神性中，耶稣只有神性而无人性，并反对当时正统教会关于基督之神、人两性联合而不混淆的《卡尔西顿信经》。从 5 世纪开始，东方民众反对《卡尔西顿信经》，反对拜占庭政府专制统治的斗争不断发生，"一性论"派则成为组织人民斗争的重要手段。拜占庭皇帝们如 5 世纪的泽诺（Zeno，474—491 年在位）和 6 世纪的查士丁尼都想通过调和宗教矛盾的途径来安抚东方各行省人民的情绪，于是出现了泽诺统治时期的《合一通谕》（Enoticon）和查士丁尼时期的第五次全体基督教主教会议上关于"三章案"的讨论，并最终确定了皇帝的"至尊权原则"，其实质在于维护皇帝的至高无上权威，由皇帝领导教会，主宰教会事务。然而，这些努力实际上使教会各教派的矛盾继续扩大，西方教会则远在罗马对东方教会事务指手画脚，东、西方教会之间的矛盾和冲突愈演愈烈。到了莫里斯统治时期，帝国宗教政策的实施仍面临来自各方面的压力和挑战。以弗所的约翰在其作品中称赞莫里斯成功地阻止了部分民众试图挑起"一性论"争端的图谋，在此过程中他得到了君士坦丁堡大教长约翰四世·聂斯特乌特斯的支持。③ 然而，到了 598 年莫里斯却允许多米提

---

① Evagrios Scholastikos. Ecclesiastical History ［M］. Oxford：University of Oxford Press，1860：241.

② Theophylact Simocatta. History ［M］. trans. by Michael Whitby. Oxford：University of Oxford Press，1986：263.

③ John of Ephesus. The third part of the Ecclesiastical History of John of Ephesus ［M］. Oxford：University of Oxford Press，1860：21.

安迫害"一性论"教徒，据说400名"一性论"教徒被屠杀在艾德萨（Edessa）城墙的外面。① 在莫里斯统治期间，正统教会和民众对基督教异端的指控甚为严重，莫里斯对待那些勇于承认错误的异端分子采取宽大仁慈的处理原则，但是这又为那些攻击皇帝是异端的人提供了把柄。而皇帝对异端的态度使约翰大教长甚为苦恼，因为他试图根除君士坦丁堡上层社会中的异端残余。② 根据西摩卡塔《历史》的记载，在君士坦丁堡有一个名叫保林努斯的巫师妖言惑众，被约翰大教长派人抓获，原本莫里斯不主张对巫师施以极刑，希望他自行悔改，但在约翰的反复劝说下，莫里斯才审慎地同意对保林努斯施行重刑。③ 然而，在其统治末期，莫里斯对异端的态度发生转变，鉴于卡拉海地区（Carrhae）的异教活动非常猖獗，他命令当地主教斯蒂芬（Stephen）发起对异教徒的迫害活动。④ 总的来说，莫里斯在其统治末期对异教和"一性论"的态度变得极为强硬，这或许缘于他596年患重病之后逐渐改变了原先的宗教宽容政策，开始悔改以前的错误行为。⑤ 莫里斯一定听说过或读过约翰大教长关于"忏悔"的道德说教，约翰宣称"即使身穿皇袍的人也会因错误的行为而得罪上帝，因此需要及时忏悔"，"如果一个人在30岁之后犯罪，那么他的罪行更重"。⑥ 作

---

① Michael the Syrian. Chronicle of the Michael the Syrian (1166-1199) [M]. trans. by Chabot, Cambridge：Cambridge University Press，1960：372-373.

② John of Nikiu. The Chronicle of John, Bishop of Nikiu [M]. Oxford：University of Oxford Press，1916：98.

③ Theophylact Simocatta. History [M]. trans. by Michael Whitby. Oxford：University of Oxford Press，1986：51.

④ Michael the Syrian. Chronicle of the Michael the Syrian (1166-1199) [M]. trans. by Chabot, Cambridge：Cambridge University Press，1960：375.

⑤ Theophylact Simocatta. History [M]. trans. by Michael Whitby. Oxford：University of Oxford Press，1986：250.

⑥ Theophylact Simocatta. History [M]. trans. by Michael Whitby. Oxford：University of Oxford Press，1986：255.

为一个患有痛风、年近 60 岁的老人，莫里斯从这套说辞中得不到丝毫安慰，但是他对罪的悔改促使他采取更激进的行为来追求信仰上的正统化、纯洁化，这也激励他给耶路撒冷的教会和修道院送去礼物，并最终选择在沙漠实行自己的赦罪礼。①

有大量的证据表明，莫里斯的信仰极为虔诚，但是在《叙利亚的圣徒传记》中记载莫里斯一天用 11 个小时来祈祷和敬拜还是略显夸张的。② 578 年，莫里斯率军将一个波斯小镇查洛玛龙团团围住，他拒绝接受当地的基督教社区以圣杯作为交换，希望解除围困的请求。③ 在每次军事行动之前，他通常会祈祷以寻求神的帮助，在成功之后通常会举行感恩仪式。④ 595 年，在约翰大教长去世以后，莫里斯将他生前简陋的床榻用于大斋期供人们瞻仰之用。⑤ 耶稣的雕像被竖立在大皇宫入口，而莫里斯王室家族的雕像则毗邻耶稣的圣像，似乎在向过往的人们提示皇帝与基督的特殊关系，他是上帝在人间的代表。莫里斯在位期间还特别资助西卡恩的塞奥多利修道院（Theodore Sykeon），塞奥多利是 6—7 世纪著名的修道士圣徒，他曾经预言莫里斯将成为皇帝，等到莫里斯果真即位之后，他被召进宫，为莫里斯祈祷并施以祝福。⑥ 莫里斯是一位圣徒遗物收藏者，他试图从科

① Theophanes Confessor. The Chronicle of Theophanes Confessor, Byzantine and Near Eastern History AD284-813 [M]. Oxford: University of Oxford Press, 1997: 284.

② R. Janin, ed. Syriac Hagiography [M]. Cambridge: Cambridge University Press, 1964: 108.

③ Menander Protector. The History of Menander the Guardsman [M]. trans. by Roger C. Blockley. Liverpool: Liverpool University Press. 1985: 237.

④ Theophylact Simocatta. History [M]. trans. by Michael Whitby. Oxford: University of Oxford Press, 1986: 187; 202.

⑤ Theophylact Simocatta. History [M]. trans. by Michael Whitby. Oxford: University of Oxford Press, 1986: 249.

⑥ Elizabeth Dawes and Norman H. Baynes. Three Byzantine Saints: Contemporary Biographies translated from the Greek [M]. Cambridge: University of Cambridge Press, 1949: 54, 82.

斯罗伊斯二世那里得到圣徒丹尼尔（Daniel）的遗体，他也希望从塞萨洛尼基得到圣徒迪米特里（St Demetrius）的遗物，尽管经过多方努力，最终却没有成功。① 或许正是由于对圣徒遗物的兴趣，他才会对发生在察尔西顿的圣尤菲米教堂的离奇事件展开调查，然而西摩卡塔在评价莫里斯这一行为时认为莫里斯的调查是典型的亵渎行为。② 显然莫里斯是一位虔诚的基督徒，但他的虔诚绝不建立在盲目轻信的基础上，当民众对圣像、圣徒遗迹或遗物越来越相信的时候，如果民间出现某种超自然现象的流传，莫里斯就会对此展开细致的调查。在面对死亡的时候，莫里斯表现得像一位圣徒，"他的家人都死在他面前，暴君福卡斯通过这种残暴的方式来惩罚莫里斯。面对这一切苦难，莫里斯的内心超乎寻常的冷静，他只是一直不停地祈祷，'主啊，你是公正的，你的判断是值得称颂的'"③。

　　莫里斯统治时期见证了罗马大主教和君士坦丁堡大教长之间爆发的关于在大教长名称前是否冠以"世界范围内的"（oecumenical）修饰语的争论。大教长认为，这样的修饰语是合理的，体现了大教长的崇高地位；罗马大主教格里高利则反对用这样的修饰语来称呼大教长；安条克主教安纳斯塔修斯（Anastasius）认为这样的称呼无关紧要，可以采用。而莫里斯皇帝认为，双方的争论是关于这么一个"不严肃的、草率的"修饰语引起的，因此为了教会的合一，大教长不宜采用这一容易引起重大分歧的修饰

---

① P. Lemerle, ed., Miracula S. Demetrii, Les Plus Anciens Recueils des Miracles de saintDemetrius [M]. Paris: LAROUSSE, 1979: 51.
② Theophylact Simocatta. History [M]. trans. by Michael Whitby. Oxford: University of Oxford Press, 1986: 264.
③ Theophylact Simocatta. History [M]. trans. by Michael Whitby. Oxford: University of Oxford Press, 1986: 119.

语。① 根据《格里高利书信集》的记载，莫里斯和格里高利对于一项法令有较大的分歧，该法令规定禁止政府官员或士兵加入教会或修道院等宗教机构供职，直到他们完全从世俗职位上退下来之后才能加入。格里高利劝说莫里斯修改这一法令，但是莫里斯不愿让步。他们对帝国在巴尔干半岛和西班牙地区的宗教管理政策也意见不一致。② 另外，双方在如何应对意大利北部伦巴德人威胁的问题上也颇有歧见，莫里斯主张采取激进的对抗政策，而格里高利主张帝国和伦巴德人签订和平条约。③ 直到602年，格里高利才表面上屈从了莫里斯的意志，随后却不再支持莫里斯转而对福卡斯的即位抱有极为欢迎的态度。④ 在帝国对西方的政策上，罗马大主教格里高利之所以敢与莫里斯皇帝讨价还价，是因为在此期间罗马教会实力的上升。6世纪末以后，由于伦巴德人入侵的压力，罗马大主教格里高利在乱世中崛起，成为意大利的真正领袖，他不仅领导宗教事务，也控制了军队和法庭，甚至独立铸造货币，自行修建罗马城墙。他还背着拜占庭驻拉文纳的总督私下里与伦巴德人谈判，同法兰克人缔结和约，并积极向意大利中部及南部扩展势力，俨然成为意大利的世俗君主。然而，鉴于莫里斯的治国有方，格里高利还不敢明目张胆地以"罗马教皇"自居，直到7世纪初，以军事政变夺权的拜占庭皇帝福卡斯急于让格里高利承认其政权的合法性，于是被迫承认了格里高利"罗马教皇"的地位，从此，罗马教皇更以基督教世界的最高领袖自居了。后来，西方学者称格里高利一世为

---

① Pope Gregory. Registrum Epistolarum [M]. ed. by P. Ewald and L. Hartmann. Berlin：Nabu Press，1899：24；30；45.

② Pope Gregory. Registrum Epistolarum [M]. ed. by P. Ewald and L. Hartmann. Berlin：Nabu Press，1899：61.

③ J. Richards. Consul of God [M]. London：HarperCollins Publishers Ltd. 1980：13.

④ Pope Gregory. Registrum Epistolarum [M]. ed. by P. Ewald and L. Hartmann. Berlin：Nabu Press，1899：29；41-42.

"第一位重要的罗马教皇"和"中世纪教皇之父"。

关于莫里斯统治期间的其他信息，文献史料有过简略记载，而缺乏详尽的描述，例如，583 年，君士坦丁堡发生过地震和大火①，阿尔比苏斯在 586 年的地震中被损毁严重，安条克也在 588 年的地震中被破坏了②，在埃及出现了严重的民众骚乱导致城镇遭到破坏，君士坦丁堡的粮食供应和国家税收也受到影响，塞浦路斯遭遇海盗袭击，这些事件只有在尼基乌的约翰的作品中被简要提及③。在首都君士坦丁堡，由于 587 年和 598 年阿瓦尔人的两次入侵以及 601 年的饥荒，民众爆发了反对莫里斯统治的骚乱。④ 然而，依据这有限的信息难以构建一幅完整的莫里斯时期国内政治和社会情况的画面。莫里斯的统治也因此被知名拜占庭学者奥斯特洛格尔斯基和卡梅伦等认为是从晚期罗马帝国向中世纪拜占庭帝国转型的重要时期。⑤

---

① Theophylact Simocatta. History, Volume I ［M］. Oxford：University of Oxford Press，1986：11. 1-2, 12. 8-11.

② Evagrios Scholastikos. Ecclesiastical History, Volume Ⅵ ［M］. Oxford：University of Oxford Press，1860：227. 1-228. 10.

③ John of Nikiu. The Chronicle of John, Bishop of Nikiu ［M］. Oxford：University of Oxford Press，1916：97. 1-33.

④ Theophylact Simocatta. History, Volume Ⅱ, Volume Ⅶ, Volume Ⅷ ［M］. Oxford：University of Oxford Press，1986：17. 5；15. 4-6；4. 11-5. 4.

⑤ 乔治·奥斯特洛格尔斯基. 拜占庭帝国 ［M］. 陈志强，译. 西宁：青海人民出版社，2006：58-59.
A. M. Cameron. Images of Authority：Elites and Icons in Late Sixth-Century Byzantium ［M］. Oxford：University of Oxford Press，1979：3-35.

第二章

从军政分权到合权：总督制改革

第一节　总督制推行的历史背景

为了了解莫里斯统治期间帝国行政管理的特征，我们应该首先注意到这一时期出现了管理制度上的变化，即拉文纳和迦太基总督区的建立。由于缺乏相关的文献史料记载，关于总督制最早出现的时间已无从考证。第一次出现"总督"字眼的文献是在 584 年罗马大主教皮雷吉二世（Pelagius Ⅱ，579—590 年）的一封书信中。① 笔者认为，有必要首先回溯一下自查士丁尼征服西部以来北非和意大利的情况，以便我们了解自查士丁尼时代以来帝国的管理究竟发生了哪些变化，以及合理地评价其重要性。

早期拜占庭时期，国家在地方行政治理上实行严格的军政分权制，在庞大的帝国内划分为大政区、政区、行省等三级行政序列。查士丁尼上台

---

① Pope Gregory. Registrum Epistolarum［M］. ed. by P. Ewald and L. Hartmann. Berlin：Nabu Press，1899：61.

以后，对戴克里先和君士坦丁所确定的军政严格分权的制度做了一些调整，使之适应各地区出现的新形势。首先，他撤销了政区这一行政建制，以便中央集权管理；其次，他在征服的意大利和北非地区逐渐摒弃以前严格的军政分权体制，转而采取军政合权制①，这一举措是为了应对边境地区蛮族威胁和加强皇权对地方的控制，为莫里斯皇帝在意大利和北非正式实行总督制奠定了基础。然而，查士丁尼皇帝并不是从征服结束之后就在上述两个地区立即实行军权合权制，而是随着客观环境的变化尤其是蛮族入侵压力的增大而对军政分权的体系做出调整的。

534 年，当贝利撒留率领军队征服北非汪达尔王国之后，查士丁尼皇帝立即发布命令，着手确立拜占庭帝国在该地区新的统治秩序。皇帝在谕告中发布命令，"新建非洲大政区，设立大区总督（Praefectus Praetorio）一职②，首任大区总督为阿切劳斯（Archelaus）"③；关于贝利撒留的去向，他被任命为"东方大区将军"（magister militum per Orientem）。非洲大区总督与东方大区和伊利里亚大区总督的地位与权力是一样的，负责所辖区域内的行政司法事务，其官邸坐落在迦太基最繁华的地区。根据《查士

----

① J. W. Barker. Justinian and the Later Roman Empire［M］. Madison：University of Wisconsin Press，1966：175.

② 大政区总督又称为"大区长官"，其全称为 Praefectus praetorio，这个名称起源于晚期罗马帝国奥古斯都或恺撒控制下的御林军。拜占庭帝国初期，它成为对御林军事务负责的行政官职。大政区由几个行省组成，最初是在戴克里先皇帝改革划分四大区的基础上形成的。君士坦丁大帝统一帝国以后，削弱该官职的权力，取消其军事权力，保留其行政司法权力。在拜占庭帝国早期历史上，东方、伊利里亚、意大利和加利亚四大政区设立大政区总督。查士丁尼时代，继续保留了伊利里亚和东方大政区的建制，其大政区总督分别驻扎在塞萨洛尼基和君士坦丁堡，534 年和 537 年又建立非洲和意大利大政区，分别以迦太基和拉文纳为首府。大政区总督的地位仅次于皇帝，经常以副皇帝的身份在其所辖区域内行使行政司法职权。（陈志强. 拜占庭帝国史［M］. 北京：商务印书馆，2003：306.）

③ Justinian. Corpus iuris civilis, The Civil Law［M］. trans. by S. Scott. Cincinnati：University of Cincinnati Press，1932：27.

丁尼法典》的规定，非洲大区下辖 7 个行省，其中在 4 个行省提格塔尼亚（Tingitania）、迦太基（Carttage）、拜扎塞纳（Byzacena）和的黎波里（Tripoli）分别设置省长，另外三个行省努米底亚（Numidia）、毛里塔尼亚（Mauritania）和萨迪纳（Sardina）的行政管辖权由大区总督直接控制。非洲大区行政机构总共拥有 396 名行政官员，他们分属不同的民事和军事部门，其下属官员大体可以分为行政司法事务官吏（Schola Exceptorum）和财政官吏（Scrinarii）两大类；此外，还有 50 人在行省行政部门就职。[①]大政区总督制始于君士坦丁大帝的改革，他废止了戴克里先时期的四帝共治制度，在行省—政区管理结构基础之上，设立了大政区制度，大政区总督也由此成为皇权在地方上的最高代表。[②] 查士丁尼皇帝在《查士丁尼法典》中不止一次告诫非洲大区总督要诚实地履行身上肩负的重要责任，不要玩忽职守和贪婪奢靡。他认为，"如果罗马的官员能秉行公义，善待民众，那么上帝也会因此高兴，长时间在野蛮人残暴统治下的民众也终将得到自由"[③]。《查士丁尼法典》还规定驻守非洲官员的薪酬待遇和升迁路径，明确了不同官员级别的薪酬待遇。

与查士丁尼对非洲大区的行政安排相对应，查士丁尼还向贝利撒留这位远征非洲的军事长官发布指令，他在信中对贝利撒留说："等帝国在非洲的行政体系重建完毕，军队和他们的领导人必须按照帝国的需要进行调遣和安排。"[④] 此后，查士丁尼在非洲组建了若干军事管理中心（战区），

---

① Justinian. Corpus iuris civilis, The Civil Law [M]. trans. by S. Scott. Cincinnati：University of Cincinnati Press, 1932：29.

② 陈志强. 拜占庭帝国史 [M]. 北京：商务印书馆, 2018：372.

③ Justinian. Corpus iuris civilis, The Civil Law [M]. trans. by S. Scott. Cincinnati：University of Cincinnati Press, 1932：30.

④ Justinian. Corpus iuris civilis, The Civil Law [M]. trans. by S. Scott. Cincinnati：University of Cincinnati Press, 1932：31.

他清楚地列出每一位边防长官（dux）所驻扎的地方，在每个战区下面都部署若干兵团（tribune）。贝利撒留的军队则被部署在塞帕塔兵团（Septa）的对面，严密监视西哥特王国、高卢和法兰克王国的动向。遇到紧急情况，军情传递的路径是这样的：兵团指挥（the tribune）首先将情况报告给他的上级边防长官（dux），其次边防长官将信息上报至大区总督。与此同时，还有大量舰船停留在海峡待命。查士丁尼颁布这些指令的要旨在于不让这些好不容易恢复的国土再次被蛮族攻占。他发布命令要求前线军队修建防御设施和军事要塞，加强军事训练，严防死守，皇帝还征求贝利撒留的意见，达成上述目标需要多少士兵合宜。为了保卫边界的安全，查士丁尼努力构建一条严密的防线，边防士兵一边从事防御工作，一边耕作土地，将耕种的粮食用于日后战争的需要。[1]因此这些边防军队无须依靠外来补给便可养活自己。另外，查士丁尼还颁布了一条严格的命令，"边防军队的各级将士必须严守自己的领地，不得随意向外拓展"[2]。查士丁尼指令的其他部分是有关军队的纪律问题，面向的对象包括野战军和边防军，诸如军事长官必须让士兵时刻保持备战的姿态，使他们经常处于严格的军事训练当中。军事长官要经常清查士兵的人数，防止士兵逃亡或外出挣钱。当贝利撒留向军队公布了这些查士丁尼的指令之后，他回到了君士坦丁堡。在他离开之后，很多军事长官齐聚大区总督官邸，他们希望制定新的法律，即政府有责任供养军队，向他们支付军费和提供后勤补给。[3]

---

① Justinian. Corpus iuris civilis, The Civil Law ［M］. trans. by S. Scott. Cincinnati：University of Cincinnati Press，1932：33.

② Justinian. Corpus iuris civilis, The Civil Law ［M］. trans. by S. Scott. Cincinnati：University of Cincinnati Press，1932：35.

③ Justinian. Corpus iuris civilis, The Civil Law ［M］. trans. by S. Scott. Cincinnati：University of Cincinnati Press，1932：38.

从以上这些指令中，我们大致可以明晰查士丁尼治理非洲的梗概。没有任何证据表明查士丁尼试图改变昔日罗马—拜占庭帝国对非洲的统治形式，他希望建立大政区总督与将军军政分权治理的体制，他希望通过种种努力恢复昔日罗马帝国的光荣，使其臣民恢复古老的生活方式。然而，在早期拜占庭帝国的背景下，统治者的权力和治理方式也需要随着现实环境的改变而有所调整。最明显的现实情况是意大利还在哥特人的统治之下，这就使得查士丁尼无法像以前的皇帝那样拥有广泛的权力。有鉴于此，查士丁尼不得不增设第三个大政区，形成了非洲大区的建制。① 然而，新设的非洲大区面临的形势并不乐观，在贝利撒留离开后不久，摩尔人开始发起反叛。查士丁尼于是派遣贝利撒留的部将所罗门（Solomon）前往非洲，担任新组建的非洲大区将军（magister militum per Africam）。② 在大敌当前的情况下，查士丁尼不得不调整对非洲的政策，实行军政合权的统治体制。他派去的所罗门很快就拥有了大区总督的职权，加上他此前拥有的军事权力，现在他集军政大权于一身。535 年，查士丁尼颁布的《查士丁尼新法》中规定，在非洲大区里有关土地的归属和教会的重建等事项都归大区总督所罗门管辖。③这是在拜占庭帝国所属非洲地区第一次将军政权力集于一个人身上，使地方行政和军事官员在其直接管辖下，以有利于非洲地区镇压摩尔人反抗的大局。

与此同时，查士丁尼着手开展他梦寐以求的另一项宏伟计划——征服意大利。535 年，当非洲刚恢复到暂时的和平状态时，查士丁尼就准备对

---

① 在帝国境内另外还有两个大区，分别为伊利里亚和东方大区。

② Procopius of Caesarea, History of the Wars [M]. trans. by H. B. Dewing, Boston: University of Harvard Press, 1996: 284-285.

③ Justinian. The Novels of Justinian [M]. trans. by Mommsen and Krueger. Philadelhia: University of Pennsylvania Press, 1985: 36; 37.

统治意大利中北部的东哥特王国发动战争。曾经征服汪达尔人的贝利撒留被再次派往意大利战场，他初战告捷，但是征服东哥特王国胜利的果实落在了另一个人身上。纳尔西斯（Narses）将军最终于 552 年打败了东哥特人，他留在意大利重建帝国的政治统治。在重建意大利统治秩序的过程中，查士丁尼试图在意大利建立大政区—行省分级管理体制，他任命纳尔西斯为大区总督，颁布《国事诏书》以规范重建行为。① 在这个法律文件中，遗留至今的有 27 个条款，其中最著名的当数"行省长官选举条款"（De suffragio collatorum），这是有关在意大利选举行省长官的法律条款。此条款规定，"各地主教与头面人物应从其所在的、行省长官即将统辖的行省中选出合适的、足以胜任地方行政事务的行省长官，无须选举费用"②。由此可见，在意大利，皇帝不具有任命行省长官的权力，中央政府也无权对意大利行省长官进行任命；③ 候选人是从行省居民中推选出来的，然后经由主教、法官和民意领袖组成的选举委员会最终投票确定行省长官的人选。在整个选举过程中，中央政府不负责支付任何选举费用（sine suffragio）。④ 行省长官由当地教俗上层选举产生这一做法是查士丁尼皇帝

---

① Justinian. The Novels of Justinian［M］. trans. by Mommsen and Krueger. Philadelhia：University of Pennsylvania Press, 1985：40.

《国事诏书》（*Constitutio pragmatica*）是查士丁尼皇帝于 554 年颁布的，旨在规范收复后的意大利重建工作，是进行这一工作的政策指南，该文献就新旧法律效力、行政制度、财产关系、奴隶归属和赋税征收等做了详细的规定，表明查士丁尼意在继承东哥特王国所保留的罗马旧制基础上，通过恢复固有财产关系、明定税制的方法，实现意大利回归社会常态的目标。

② Justinian. The Novels of Justinian［M］. trans. by Mommsen and Krueger. Philadelhia：University of Pennsylvania Press, 1985：8.

③ Justinian. The Novels of Justinian［M］. trans. by Mommsen and Krueger. Philadelhia：University of Pennsylvania Press, 1985：12.

④ Justinian. The Novels of Justinian［M］. trans. by Mommsen and Krueger. Philadelhia：University of Pennsylvania Press, 1985：45.

在意大利的首创。根据文献记载，568 年，查士丁二世又颁布敕令，将这一制度从意大利向全国推广。①

查士丁尼希望行省政府对国家足够忠诚，他在意大利试图细化政府层级，建立自给自足的小政府，削弱行省长官的行政权力。查士丁尼对行省长官徇私枉法、擅离职守的情况非常恼火，因为这样使民众经常到首都君士坦丁堡来寻求公正的判决。查士丁尼希望由民众选举出来的行省长官更加可靠，而且对中央政府的政策实施更有保障。另外，在《查士丁尼新法》也有一些条款涉及皇帝希望抑制地方政府腐败的决心。为了使独立于地方政府的第三方或者个人能够履行监督地方政府的职责，使得地方政府与中央政府保持一致，查士丁尼还多次前往罗马教会，希望上帝的仆人们能够公正不阿地监督地方政府的行为。除此之外，查士丁尼还委托官员专门负责平衡罗马大主教和帝国元老院之间的利益关系。② 除了查士丁尼所制定的法律，在其他的文献中仍然发现查士丁尼皇帝积极寻求为国家奉献的第三方或者个人的这种努力，他这样做的目的是希望抑制地方政府的权力，进而扩大中央政府的权威。有一份简短但却非常重要的名为 Anongmous 的匿名军事手册，主要内容在于描述帝国社会不同层面的特征和功能。这部匿名文献写作于查士丁尼统治的后半期，它为我们观察 6 世纪拜占庭社会结构提供了一个重要的视角，从中我们至少可以窥见君士坦丁堡的社会结构。根据作者的描述，在所有的职业当中，神职人员是最高尚的职业，他认为神职人员以纯净人的灵魂为第一要务，他们的判断来自

---

① Justinian. The Novels of Justinian [M]. trans. by Mommsen and Krueger. Philadelhia：University of Pennsylvania Press，1985：149.

② Justinian. The Novels of Justinian [M]. trans. by Mommsen and Krueger. Philadelhia：University of Pennsylvania Press，1985：19.

上帝本身。① 查士丁尼皇帝致力于寻找诚实可靠、尽责公正的人来为国家服务，这在不知不觉中拓宽了教会的世俗功能，使得越来越多的教会人士参与世俗事务。同样在那份匿名的军事手册 *Anonymous* 中，记载了查士丁尼写给贝利撒留的一封信，信中提到皇帝对塞帕塔新当选的地方长官寄予厚望，向其强调在服务国家的过程中自身品德的重要性，他督促这位地方长官要"谦虚谨慎，公正不阿"②。

第二节　总督制的创建过程

当笔者考察莫里斯统治时期意大利的情况时，不禁要问这里自从 552 年东哥特战争结束以来到底发生了什么？因为根据文献记载，自从 584 年以来，在意大利出现了"总督"（exarch），地方行政长官也不是由选举产生的。③ 自从哥特政权垮台以后，随之而来的是伦巴德人对意大利北部的入侵，蛮族入侵的压力对意大利行政体制的变化到底有何影响，尚待进一步深入研究，但可以推测的是，在巨大的蛮族入侵压力面前，意大利的行政体制也必然像非洲一样朝着军政合权的方向发展。执事保罗的作品中有一段关于纳尔西斯的记载，查士丁二世统治时期，索菲亚皇后派人给纳尔西斯送去一根金色的纺纱杆，暗示年迈的纳尔西斯不适合担任行政职务，

---

① Anonymous: Three Byzantine Military Treatises［M］. trans. and notes by George T. Dennis, Washington. D. C: Dumbarton Oaks Research Library and Collection, 1985: 46-47.

② Anonymous: Three Byzantine Military Treatises［M］. trans. and notes by George T. Dennis, Washington. D. C: Dumbarton Oaks Research Library and Collection, 1985: 50.

③ Theophylact Simocatta. History［M］. trans. by Michael Whitby. Oxford: University of Oxford Press, 1986: 248.

应该告老还乡，纺纱种地。据说纳尔西斯果真决定告老还乡，他还通敌伦巴德人，使蛮族从此进入意大利。① 无论这段关于纳尔西斯对国家不忠诚的描述是否真实，总之他于 568 年从意大利大区总督的职位上退下来，回到罗马，卒于 573 年，据此推算，他统治意大利长达十多年。② 谁是首任总督？这个问题的答案仍不明晰。纳尔西斯这个大政区总督在意大利行使的是总督之实，但缺乏 exarch 这样一个名称。正如上文指出的，第一次出现"拉文纳总督"字眼的文献记载是在 584 年罗马大主教贝拉吉乌斯二世的一封书信中，而"迦太基总督"则出现在 591 年的历史文献中。③ 因此，帝国在非洲和意大利实行的大政区总督主导下的军政合权体制为莫里斯时期推行的总督制改革奠定了重要基础，至于由军政分权体制向军政合权体制过渡的具体时间还有待进一步考证。6 世纪末期，莫里斯皇帝在拉文纳和迦太基正式实行总督制。该项制度的特点是使一个领有兵权的大将军统领地方行政官员，使地方官服从将军的权力。这样做的目的是在战争频繁时期随时有一支强有力的军队投入战场，行政官员必须为军队的行动提供一切便利。

"总督"（exarch）在希腊文中是 εξαρχoς，最初在希腊语中的意思是"领袖""领导"，尤其指的是合唱团的领唱，而在查士丁尼的法律文献中，仅仅指军事领导人。它不仅是一种头衔，更是一个描述性的术语。在 3 世纪帕拉米尔地方长官奥德纳修斯（Odaenathus of Palmyra）的墓碑上镌

---

① Paul the Deacon. History of the Lombards [M]. Philadelphia: University of Pennsylvania Press, 2001: 25.

② Paul the Deacon. History of the Lombards [M]. Philadelphia: University of Pennsylvania Press, 2001: 35.

③ Pope Gregory. Registrum Epistolarum [M]. ed. by P. Ewald and L. Hartmann. Berlin: Nabu Press, 1899: 59; 72; 73.

刻着 εξαρχοϛ παλμυρηνων ，罗马皇帝伽里恩努斯（Gallienus，260—268年）曾经授予奥德纳修斯"边防长官"（dux）的头衔，以表彰他为化解波斯的进攻威胁所做出的努力。然而，奥德纳修斯在这片地区建立了小王国，自称国王，摆脱了罗马帝国对他的控制。在这里 εξαρχοϛ 的含义介于"边防长官"与"国王"之间，指在边疆地区具备行使独立权力的领导人。

关于 6 世纪后期总督制的相关信息，我们需要注意的是一部重要的历史文献，即塞奥非拉克特·西摩卡塔的《历史》。然而，在这部作品中没有任何有关"总督"的记载，没有一个人被冠以"总督"的名号。即使伊拉克略的父亲多次出现在作品中，他的头衔也一直是 στρατηγοϛ 和 υποστρατηγοϛ（二者皆为将军之意），而不是"迦太基总督"（εξαρχοϛ）。①对于西摩卡塔的这种"遗漏"，笔者认为可以解释为两个原因，首先，如果总督制是由莫里斯所建立，但没有采取通告天下的法律文书形式来公布这项制度，这就导致这种在帝国并不广泛推行的制度在同时代人们的头脑中留下的记忆并不深刻。其次，西摩卡塔创作《历史》是在伊拉克略统治时期，他对帝国西方事务的兴趣不甚浓厚，因为当时国家关注的重点在于波斯事务。有关总督制的同时代见证主要来自西方文献，而格里高利大主教的书信自然成为这些文献中最重要的记录，因为他详细记录了莫里斯时期帝国的意大利事务。但是格里高利书信的一大特点是对历史背景或现实环境的记录较少，通常在谈及日常事务时将罗马大主教与总督的交往及其关系有所提及，因此缺乏"历史的"视角，这或许影响了西摩卡塔对格里高利书信中关于总督制内容的借鉴和引用。

---

① Theophylact Simocatta. History ［M］. trans. by Michael Whitby. Oxford: University of Oxford Press, 1986: 77; 81; 83; 87; 99.

　　许多著名的拜占庭学者认为，总督制是由莫里斯创建的，其中包括法国杰出的拜占庭学者查尔斯·迪尔（Charles Diehl）和南斯拉夫学者乔治·奥斯特洛格尔斯基（George Ostrogorsky），前者根据研究认为拉文纳总督区第一次被历史文献记载是在 584 年，迦太基总督区第一次被提及是在591 年①；后者在其著作中对莫里斯组建的两个总督区给予较高的评价，指出总督区的组建标志着"拜占庭管理机构军事化的发展方向"，预示着伊拉克略将要推行的军区制。② 笔者同意大多数学者的观点，认为两个总督区均由莫里斯皇帝创建，而且它们在 6 世纪末期的出现是历史长期演变的结果，它根植于罗马—拜占庭帝国的政治传统，结合当地的统治特点，并随着现实环境的需要而有所改变，最终形成 6 世纪末总督制的形态。鉴于此，笔者认为非常有必要梳理一下在总督制形成之前意大利和北非行政制度的历史演进脉络。

　　自 568 年纳尔西斯从大政区总督之位卸任以后，帝国派驻拉文纳主管意大利事务的官员最先考虑的是伦巴德人的威胁，因此他们的角色与自霍诺里乌斯（Honorius，395—423 年）时代以来帝国派驻意大利的蛮族军事首领越来越相似。这些蛮族的领导人自然也是"将军"（magister militum），例如，在拜占庭皇帝泽诺（Zeno，491—518 年）的要求下东哥特首领塞奥多里克前往意大利，当时塞奥多里克的头衔就是"将军"。③ 当塞奥多里克战胜奥多维克（Odovacer）获得政权之后，新的情况出现了。阿纳斯塔修

---

① Charles Diehl. Byzangtium: Greatness and Decline [M]. trans. by Naomi Walford. New Jersey: University of Rutgers Press, 1957: 66.

② 乔治·奥斯特洛格尔斯基. 拜占庭帝国 [M]. 陈志强，译. 西宁：青海人民出版社，2006: 59.

③ J. B. Bury. A History of the Later Roman Empire from the Death of Theodosius I to the Death of Justinian [M]. New York: St. Martin's Press, 1958: 422.

斯作为泽诺皇帝的继承人，已经无力改变意大利被东哥特人统治的局面，因此他沿用了以往的政策，对东哥特政权采取默认的态度。而东哥特首领塞奥多里克开始像奥多维克一样统治着原本属于拜占庭帝国的西部领土，他的官职在当时只是"高级军事长官"（magister utriusque militiae），从理论上来说这个职位是任何一个哥特士兵都可以晋升获得的，后来他又从元老院获得"贵族"（patricius）头衔，而且拜占庭皇帝在此后不久双方的通信往来中称呼他为"王"（rex）。① 正因为有了贵族头衔，所以以后意大利的行政长官比其他地区军事或行政官员地位更高一些。② 在贝利撒留的攻打之下，东哥特王国的王位从狄奥多里克的家族转移到了另外一位领袖维蒂吉斯（Witigis）的手中。536 年，维蒂吉斯在对抗贝利撒留的战争中即位为东哥特王国国王。维蒂吉斯统治之下的东哥特王国还是无法抵挡拜占庭帝国的进攻。贝利撒留继续向北攻下了米兰，并且在 540 年攻下了东哥特王国的首都拉文纳。这个时候，查士丁尼一世给了东哥特人一个"慷慨"的协议：东哥特人交出他们一半的财物给拜占庭帝国，则可在意大利西北部保有一个独立的王国。贝利撒留将消息告知东哥特人。东哥特人并不信任查士丁尼一世而比较信任贝利撒留，他们提出一个条件：只要贝利撒留对此有所保证，他们就接受协议。然而，这个条件使得协议陷入僵局。540 年，因为维蒂吉斯的失利，一群贵族认为他们需要一位新的领袖。这群贵族的首领艾拉里克（Eraric）支持贝利撒留。在征得其他人的同意之后，他们决定要将王位让给贝利撒留。贝利撒留还是对查士丁尼一世忠心的。他假装同意这项提议，前往拉文纳进行加冕，然后出其不意地逮捕

① A. H. M. Jones. The Constitutional Position of Odovacer and Theodorich［M］. Journal of Roman Studies，1965，52：126-130.

② Pope Gregory. Registrum Epistolarum［M］. ed. by P. Ewald and L. Hartmann. Berlin：Nabu Press，1899：36.

东哥特人的领袖，并且将全部东哥特王国置于拜占庭帝国的统治之下——
这次没有"慷慨"的协议了。接下来，被选为东哥特王国国王并在540年
继位的是伊狄巴德（Ildibad，540—541年）。一方面，拜占庭帝国的东边
正在与波斯帝国作战，因此查士丁尼一世希望拜占庭帝国西边能有一个缓
冲国家把法兰克王国与拜占庭帝国隔开。另一方面，东哥特人对贝利撒留
的提议让查士丁尼一世起了疑心。查士丁尼一世对贝利撒留之举大为不
满，将他调往东边对抗萨珊王朝，而将亚平宁半岛置于拜占庭帝国另一位
地方官员约翰的管理之下。伊狄巴德在位仅约一年。接下来继位东哥特王
国国王的是艾拉里克，但是旋即被杀害。再接下来在541年被选为东哥特
王国国王的是托提拉（Totila，541—552年）。托提拉与立场偏向拜占庭帝
国的艾拉里克不同，他是一位立场偏向东哥特人的国王，同时也是一位出
色的领导者。他带领东哥特人反抗拜占庭帝国。当贝利撒留在545年回到
意大利的时候，他发现情势已经发生改变。艾拉里克已经被杀害，拜占庭
帝国的东哥特贵族也被推翻，整个意大利北部又被东哥特人占据，东哥特
人甚至还将拜占庭帝国的军队逐出了罗马城。贝利撒留再度夺回罗马，但
是与贝利撒留已有嫌隙的查士丁尼一世没有给贝利撒留足够的支援与补
给，使得贝利撒留只能采取守势，并且失去了罗马。548年，查士丁尼一
世以他信任的纳尔西斯将军代替贝利撒留。纳尔西斯没有让查士丁尼一世
失望。在纳尔西斯的征服行动中，托提拉于552年战死。552年继位东哥
特王国国王的德亚（Teia，552—553年在位）也于553年战死。德亚是最
后一位东哥特王国国王。

　　拜占庭帝国征服意大利之后，他们发现此前东哥特人在拉文纳的影响
较小，像是一处权力真空地带，而罗马帝国的大一统观念已然深入人心。
于是查士丁尼决定将帝国在意大利的行政中心建立在拉文纳。行政长官不

是由选举产生，而是由皇帝任命，他甚至可以不是意大利人。但是由皇帝任命的拉文纳行政长官与中央的关系并不比哥特国王密切多少。哥特人则试图与君士坦丁堡保持先前的密切关系，因此哥特国王托提拉希冀凭借其在军事上取得的成功使他有资本与拜占庭皇帝达成协议，使皇帝同意四处飘散的哥特人落脚在意大利北部①，但是他的计划最终落空了，查士丁尼在新颁布的法令中规定，从塞奥达哈德（Theodahad，534—536 年）以后的东哥特继位者制定的法律一概无效。在查士丁尼皇帝看来，"从维蒂吉斯到德亚的东哥特王国都是暴君统治，是未经拜占庭授权的非法统治"②。尽管查士丁尼最初试图在意大利建立一个自治政府，但是从一开始事态就沿着另外一个方向发展。在拜占庭军队战胜哥特人之后，纳尔西斯就在意大利统治了很长一段时间，在他退休之后的 20 年内，意大利半岛上出现了一个高官——总督，可以肯定的是有一种无形的力量在助推 6 世纪末期总督制的形成，这种力量即为传统制度和现实环境双重结合的力量，它使莫里斯皇帝在受蛮族入侵威胁严重的且远离政治统治中心的拉文纳和迦太基建立总督区。

在东哥特王国建立之前，在意大利半岛上一直处在大政区总督的管辖下。大政区总督又称"大区长官"，其全称为 Praefectus praetorio，这个名称起源于晚期罗马帝国奥古斯都或恺撒控制下的御林军。拜占庭帝国初期，它成为对御林军事务负责的行政官职。大政区是由几个省区组成的，最初是在戴克里先皇帝改革划分四大区的基础上形成的。君士坦丁统一帝国以后，削弱该官职的权力，取消其军事权力，保留其行政司法权力。在

---

① Procopius of Caesarea，History of the Wars ［M］. trans. by H. B. Dewing，Boston：University of Harvard Press，1996：334-343.

② Justinian. The Novels of Justinian ［M］. trans. by Mommsen and Krueger. Philadelhia：University of Pennsylvania Press，1985：12.

拜占庭帝国早期历史上，东方、伊利里亚、意大利和加利亚四大政区设立大政区总督。查士丁尼时代，继续保留了伊利里亚和东方大政区总督，分别驻扎塞萨洛尼基和君士坦丁堡，534 年和 537 年又重新恢复了意大利和非洲大政区，分别以拉文纳和迦太基为首府。但是，莫里斯时期总督的权力比之前的大政区总督的权力要大，它受到哥特国王在此地区统治的延续性影响。

莫里斯时期的总督重新掌握军事权力，这也是历任意大利统治者遗留下的传统，因此拜占庭皇帝不需要重新设计一套制度，而是只需要将过去实行的大政区总督制拿过来，在此基础上有所调整而已。6 世纪中期形成的总督制其总督具有贵族头衔，而此前"军事长官"（magister militum）的地位比较低，它只适用于单纯的军事领导人，对于兼具民事与军事权力的总督显然不再适用。[①] 当拜占庭军队与哥特人作战时，曾经有好几次拜占庭军队内部的将领发生严重分歧，致使贝利撒留制订的作战方案无法有效实施，这源于贝利撒留的权力受到诸多限制。[②] 面对 6 世纪末期新的复杂形势，帝国驻守意大利的统治者只能将军事和行政集于一身才能应对复杂的问题；而当地的人们也期待出现一位像东哥特国王那样的集权式人物。这个假设是有证据支持的，在格里高利主教的信件中记载了他曾经前往拉文纳与总督协商过一些重要问题，当时总督身上所表现出来的姿态与以前的蛮族统治者无异。[③] 位高权重的总督有时候会制定符合自身利

---

① A. H. M. Jones. The Later Roman Empire 284 - 602 ［M］. Baltimore：University of Johns Hopkins Press，1896：341-344；375-376；380-381.

② Procopius of Caesarea，History of the Wars ［M］. trans. by H. B. Dewing，Boston：University of Harvard Press，1996：354-355.

③ Pope Gregory. Registrum Epistolarum ［M］. ed. by P. Ewald and L. Hartmann. Berlin：Nabu Press，1899：59；72.

益的政策，而这一政策恰恰与帝国的利益相悖，例如，在萨玛拉杜斯（Smaradus）总督的案件中，他非法逮捕伊斯特里亚（Istria）教会的神职人员，这一专横的行为违背帝国的利益，他被莫里斯皇帝召回君士坦丁堡问询。这表明集行政和军事权力于一身的总督在其统治区域内影响是非常巨大的。[①]

我们再来看北非的情况。自534年贝利撒留率军成功征服汪达尔王国后，以迦太基为中心的非洲大区享受了一段时间的和平与繁荣。它经历的战争没有意大利时间长，但总是被本地区出现的土著起义困扰，不过非洲不像意大利那样面临伦巴德人持续的入侵压力。虽然，在迦太基周围有很多敌对的居民，但是这里的防卫边界比意大利安全，起义的摩尔人实力不甚雄厚，拜占庭军队能较好地保卫领土的安全，不像在意大利，那里强大的敌人进入边界线内给拜占庭人制造了不少麻烦。笔者通过阅读文献史料发现自从591年以后非洲迦太基也实行了总督制。有以下几点原因可以解释非洲和意大利的发展缘何相似的问题。首先，当贝利撒留收复帝国在非洲的领地后，他们在那里就受到摩尔人不断的骚扰，这些土著人希望利用此有利时机占据汪达尔人溃败后所遗留下的权力，正如在意大利哥特人政权垮台后伦巴德人和法兰克人所做的一样。摩尔人的侵扰使拜占庭帝国驻非洲的行政长官潘塔利奥（Pantaleo，589—594年）逐渐将民事和军事权力集中在自己身上。其次，两个地方出现总督制的特殊管理模式或许与它们都远离帝国关注的重心有关，直到590年，帝国关注的重心都集中在东部和多瑙河流域。因此，对于皇帝来说，给予西部地区当政者高度自治和合一的权力也符合当前局势的需要。然而，这并不意味着中央政府对这两

---

① Paul Goubert. Byzance avant l'Islam [M]. Paris：Hachette Livre，1951：88.

个总督区完全免于管理。一方面，中央政府允许总督在辖区内充分行使权力；另一方面，中央政府也时刻监视他们的行为，一旦越过红线，就会随时有被解除职务的危险。因此，我们不难理解莫里斯为了避免他人分享他的权力，在军队中频繁更换将领的行为。实际上，莫里斯对两大总督区的总督具有随时任免的权力，据统计，在莫里斯统治的短短20年，帝国派驻非洲的总督就有六位，他们分别是塞奥多利（Theodore，582年）、约翰（John，583—585年）、托马斯（Thomas，586—588年）、潘塔利奥（Pantaleo，589—594年）、英诺森（Innocent，595—600年）、乔治（George，601—602年）。①

笔者不清楚总督制是不是莫里斯推行的一项过渡的临时性政策，从西摩卡塔《历史》中记载的有关莫里斯遗嘱内容似乎可以了解莫里斯的意图，"长子塞奥多西乌斯继承皇位，主要掌管东方事务；次子提比略成为西罗马帝国皇帝，负责掌管意大利以及伊特鲁里亚海上的岛屿事务"②。这里的"西罗马帝国"实际上就是拉文纳总督区，莫里斯既然希望让自己的次子担任拉文纳总督，这表明他推行的此项政策是长远之举。由于文献资料的缺失，我们不清楚提比略是否履任拉文纳总督职位，但极有可能的是，随着莫里斯政权的垮台，其遗嘱的有效性也随之消失。此外，在西摩卡塔《历史》中没有关于迦太基总督区的任何记载，在其他文献中也难觅其踪，这让人不禁怀疑莫里斯试图再次将迦太基总督区纳入意大利的行政管辖，或者西摩卡塔对迦太基隐晦极深的原因在于该地区是伊拉克略皇帝的家乡。

---

① Jonathan P. Conant. Staying Roman：Vandals，Moors，and Byzantines in Late Antique North Africa，400-700 ［M］. Boston：University of Harvard Press，2004：118-120.

② Theophylact Simocatta. History ［M］. trans. by Michael Whitby. Oxford：University of Oxford Press，1986：120.

第三节　总督制的运行与历史影响

　　许多学者将总督制的改革视为在帝国某些行政区内军事权力支配民事权力的标志，它们的组建指出了拜占庭管理机构军事化的发展方向，奠定了军区制改革的基础，而军区制显然是帝国管理机构军事化发展的顶峰，为此后数百年拜占庭帝国的强盛奠定了重要基础。[①] 遗憾的是，由于文献记载的缺失，笔者对总督制在意大利和非洲的运行和当时的社会环境了解有限，对老伊拉克略总督在迦太基的治理情况不甚明晰。根据西摩卡塔《历史》的记载，在6世纪末期军事领导人（包括总督）的升迁路径大多先是在民事机构任职，而后被提升为军事将领，其中包括提比略一世和莫里斯皇帝。由于军事将领必须先在民事机构任职，这实际上要求他们必须接受过良好的教育。根据《莫里斯的战略》，对军事将领素质和品德要求中并不包括"受教育"一项，这似乎表明接受过良好的教育和在管理机构拥有丰富的经验是成为军事将领的必要前提，这在当时是约定俗成的惯例，并不需要在《莫里斯的战略》中格外强调。因此，在当时的社会背景下就有大量文职官员进入军事机构履职，而这必然对谋求升迁的中、下级军官造成不利影响，不过这也有一个特例，那就是老伊拉克略，根据《历史》记载，老伊拉克略在东部战场上表现优异，他在被擢升为迦太基总督

---

① Charles Diehl. Byzangtium：Greatness and Decline ［M］. trans. by Naomi Walford. New Jersey：University of Rutgers Press，1957：68.
　　乔治·奥斯特洛格尔斯基. 拜占庭帝国 ［M］. 陈志强，译. 西宁：青海人民出版社，2006：59.

之前并没有在民事机构任过职。① 6 世纪末期的皇帝推行此举意在降低军事将领权力过大和谋求叛乱的风险，但是导致莫里斯统治覆灭的叛乱是以中、下级军官为主体，尽管叛乱的原因很复杂，但其中必然包括中、下级军官对升迁之路受阻的逆反。随着未受教育的福卡斯登上王位，他在所制定的政策中就必然不会延续从行政或司法机构中优选文职官员进入军事机构这样的政策，导致缺乏文职官员对军事将领或总督的监督，进一步造成手握重兵的军事将领或总督在自己利益受到中央牵制的情况下掀起反叛。

莫里斯皇帝为什么只在拉文纳和迦太基推行总督制改革，而没有将此改革推广到更多的地区，尤其是在同样危险的多瑙河前线或东部前线，笔者对此问题试做粗浅的探讨。巴尔干半岛历来是拜占庭帝国的核心要地，其行政管理始终直属中央管辖，多瑙河前线的军队作为守卫京畿的重要屏障，其军事管理直接归属于皇帝，有重要军情也须直接向皇帝汇报，而且巴尔干半岛距离君士坦丁堡较近，在通信联络上也比迦太基和拉文纳便利，因此在巴尔干地区的军事领导人无须像总督区内的总督那样具有太大的自主权和军事行政合一的权力。② 另外，在帝国的东部前线，由于战乱频繁且拜占庭与波斯帝国双方处于拉锯战的态势，边境上城池和人口的主权归属经常处在不断变化中，因此在莫里斯时期东部前线的很多地区都处

---

① Procopius of Caesarea, History of the Wars [M]. trans. by H. B. Dewing, Boston: University of Harvard Press, 1996: 62; 81.

② A. H. M. Jones. The Later Roman Empire 284 – 602 [M]. Baltimore: University of Johns Hopkins Press, 1896: 280.
Justinian. The Novels of Justinian [M]. trans. by Mommsen and Krueger. Philadelhia: University of Pennsylvania Press, 1985: 26.

在临时战争管理的体制下，而没有建立相对完善的行政或军事机构。① 查士丁尼统治期间在东部和巴尔干地区致力于构建防御体系，修建了大量防御工事，并派驻部队驻守，但此后由于缺乏资金和兵力，这两个地区的防御体系一度松弛。② 这两个地区与帝国的西部领土面对的情势完全不同，巴尔干半岛和东部地区由于蛮族和波斯帝国的入侵而战乱不断，西部地区在 3 世纪以前一直保持和平状态，在巴尔干和东部地区传统上实行严格的军政分权制，由将军统辖管理辖区内的军事事务，由行省省长管理地方行政事务，且军队领导人的职位升迁完全依循军阶或战功决定。在莫里斯统治时期，莫里斯皇帝倾向于中央集权措施，他并不打算将这种"半独立"的总督制推向全国，尤其是对守卫首都君士坦丁堡安全至关重要的地区绝不能推行。在他看来，在拉文纳和迦太基推行总督制只不过是应对危急局势的应急措施，而非通行于全国的普遍政策。③

关于帝国西部领土尤其是总督区内的经济生活，根据考古发掘出来的钱币可以一窥端倪。④ 通常情况下，在拜占庭帝国西部领土发掘出来的铸币应该是金币和银币，在东部地区发掘出来的是铜币。然而，根据考古报告，在帝国西部地区诸如拉文纳、迦太基、卡塔尼亚和西西里发掘出来的

---

① A. H. M. Jones. The Later Roman Empire 284 - 602 [M]. Baltimore：University of Johns Hopkins Press, 1896：283.
　 Justinian. The Novels of Justinian [M]. trans. by Mommsen and Krueger. Philadelhia：University of Pennsylvania Press, 1985：30-31.

② Procopius. De Aedificiis or The Buildings [M]. The Loeb Classical Library, Boston：University of Harvard Press, 1996：308-315.

③ Charles Diehl. Byzangtium：Greatness and Decline [M]. trans. by Naomi Walford. New Jersey：University of Rutgers Press, 1957：75.

④ Warwick Wroth, ed., Western and Provincial Byzantine Coins of the Vandals, Ostrogoths and Lombards and of the Empire of Thessalonica, Nicaea, and Trebizond in the British Museum [M]. London：Routledge, 1966：122.

归属莫里斯时期的钱币主要是铜币，这一方面反映当时帝国对西部地区征税的有效性，因为铜币是征税的主要币种；另一方面反映西部经济生活的繁盛，因为铜币交易流通的范围和自由度是相当大的。① 这同时也从侧面反驳了关于 6 世纪末期帝国西部经济、生活衰败的论断。铜币广泛流通于莫里斯时期的帝国西部地区，这也表明该时期货币的价值大体上是稳定的。然而，不可否认的是，对于生活在莫里斯时期的意大利民众而言，这一时期是艰难的。由于遭遇伦巴德人的入侵，民众生活在水深火热之中，作为罗马大主教的格里高利多次致信中央政府以寻求帮助，这种状况在此前或此后都没有出现过。而莫里斯皇帝对于格里高利的诉求往往都认真对待，但由于帝国当时面临东部波斯人的威胁更迫切和更严重，莫里斯对于意大利的事务也只能采取外交手段来调解和斡旋。② 根据《格里高利书信集》的记载，一方面格里高利向莫里斯皇帝寻求解除伦巴德入侵威胁的帮助；另一方面向莫里斯抱怨拉文纳总督对罗马的事务干涉过多，且招致民众的反感。③ 由于意大利形势的危急，莫里斯并未出兵协助阻击伦巴德人入侵，且在后来格里高利大主教和君士坦丁堡大教长约翰四世围绕"普世教权"（oecumenical）和伊斯特利亚教会归属问题而展开的激烈论战和争夺中④，莫里斯的态度始终是比较含糊的，这进一步损害了罗马教会与拜占庭中央政府的关系。这一系列事件的叠加，无形中造成罗马教会和民众

---

① A. R. Bellinger and P. Grierson, ed. Catalogue of Byzantine Coins in the Dumbarton Oaks Collection and in the Whittemore Collection ［M］. Washington: University of Washington Press, 1966: 336.

② Pope Gregory. Registrum Epistolarum ［M］. ed. by P. Ewald and L. Hartmann. Berlin: Nabu Press, 1899: 36.

③ Pope Gregory. Registrum Epistolarum ［M］. ed. by P. Ewald and L. Hartmann. Berlin: Nabu Press, 1899: 39.

④ Pope Gregory. Registrum Epistolarum ［M］. ed. by P. Ewald and L. Hartmann. Berlin: Nabu Press, 1899: 41; 44.

对拜占庭帝国的分离趋势，而且伦巴德入侵的危急形势迫使罗马大主教在寻求拜占庭帮助无望的情况下转而与法兰克王国结盟，这导致后来751年"丕平献土"和教皇国的建立。事实上，莫里斯时代见证了意大利半岛上两个政治中心的竞争，它们是罗马和拉文纳。莫里斯在拉文纳建立总督区只是将这里作为帝国实施权威的暂时据点，他希望将来有朝一日以拉文纳为基点逐步恢复对整个意大利的统治。随着591年东部前线战火消弭，莫里斯旋即将部队从东方调往多瑙河前线，因为那里面临日趋严重的蛮族入侵，也正是在多瑙河前线士兵爆发叛乱，推翻了莫里斯的统治，自此我们没有机会看到莫里斯对意大利将要实施的宏伟计划。然而，在非洲建立的迦太基总督区的施政则比较平稳，不像在意大利有多种势力围绕争夺，由于政治环境平稳，且6世纪末7世纪初君士坦丁堡权力斗争复杂和皇帝无暇顾及北非局势，使得迦太基总督区在老伊拉克略的治理下逐渐强盛。610年，伊拉克略率军联合埃及军队渡海直逼首都，在君士坦丁堡民众的支持下，推翻篡位皇帝福卡斯的统治。上台之后，伊拉克略面临的主要任务是使过渡时期的拜占庭帝国逐步军事化，并确立起适合帝国生存与发展的政治、经济制度，于是他效仿迦太基总督区的建制，在帝国境内推行军区制，这一制度的形成和在全国的推行是伊拉克略王朝时期拜占庭国家进行的最重要的改革，为以后帝国数百年的中兴奠定了重要的基础。

第三章

从攻势防御到纵深防御：军事战略改革

纵观拜占庭帝国各个时期的军事战略，体现了纵深防御的特点，这一战略是在敌我力量对比中自身不处于优势、在攻城战略中总体处于守势的一方正确的选择。它自君士坦丁一世首创，至莫里斯时期最终确立，纵深防御战略多用于拜占庭军队面临大规模的敌人入侵而不得不采取的守势战略。这种防御战略主要用于拜占庭帝国长期据有的疆土，主要是位于与波斯有争议的东方战线和面对蛮族蜂拥而至的多瑙河战线。

第一节　战略的内涵及形式

"战略"（strategy）一词来源于希腊文中的 stratos，意即军队，从这个字衍生出 strategos，意为将军或领袖，还衍化为 strategeia，其意义为将道艺术，与这个词的现代含义不同，现代含义指的是运用一切的资源和手段来达到战争目标的谋略和方式，这个概念始于 19 世纪。在西方世界，对"战略"一词的使用最早可追溯到罗马时代，罗马人弗提努斯（Frontinus，40—103 年）以《谋略》（*Strategemata*）为书名，从前人的经验中归纳战争中采用的谋略，并逐项加以解释和讨论；6—7 世纪拜占庭匿名作家著有《莫里斯的战略》（*Maurice's Strategikon*）一书，旨在教导其将领如何在战场上运用"将军之学"。在拜占庭历史上，除了《莫里斯的战略》开启探讨军事战略的先河之外，还有 10 世纪利奥六世（Leo Ⅳ，886—912 年）创作的《战术》（*Tactica*），该书针对新的战争形势对《莫里斯的战略》进行补充，以及尼基弗鲁斯二世（Nikephoros Ⅱ，963—969 年）根据自己戎马生涯总结出一套行之有效的防御战略，将其命名为《前哨战》（*Skirmishing*）。到了近代，18 世纪的法国人麦齐乐（Maizeroy，1719—1780 年）在其著述《战争理论》（*Theorie de la guerre*）中首次使用"战略"（stratégie）一词，将其界定为"作战的指导"，此后这个名词便逐渐进入欧洲主要国家的军事用语，到 19 世纪在欧洲大陆的军事著作中已经被普遍使用。①

在古代西方，战略的观念早已有之，只不过不使用现在的名词而已。古代人并不完全区分战略和战术，希腊人经常使用的一个名词即 taktike techne，实际上就是今天"战术"（tactics）一词的起源，所以这个名词的意义就将一切有关战争的知识包括在内。此外，古代人所说的"战争艺术"（ars bellica）就已经把战略的观念包含在内。② 对于拜占庭时期的人们来说，很难把"战略"和"战术"区分出来，甚至将二者视为统一的概念，在拜占庭时期的军事文献通常为我们提供具体的军事信息和战争事务，用"战略"一词来涵盖军队结构、战术组织、作战艺术、地理和气候条件、交通和通信手段、后勤保障等内容。6 世纪的军事指导手册《莫里斯的战略》对"战略"做了简要描述，"战略教会我们如何保护自己以及

---

① Azar Gat. The Origins of Military Thought: From the Enlightenment to Clauseuit [M]. Clarendon: Clarendon Press, 1991: 40-44.

② Edward N. Luttwak. Strategy: The Logic of War and Peace [M]. Massachusetts: Belknap Press of Harvard University Press, 1987: 240.

如何威胁敌人，防御指的是一个国家运用一切手段保护它的人民和财产，进攻则指的是运用一切可能的手段对付它的敌人"①。在 10 世纪利奥六世所著的《战术》开篇就对"战略"的定义做了说明："战略是军事指挥者在战场上对军队运动的科学指导，这种运动包括陆地和海上两种类型。战略包括军队阵形的部署、兵器的使用和具体的战术应用。战略还包括军事训练，这是一种学习和实践的过程，它能确保在战场上战术的有效实施。总之，战略的目的是尽其一切的计划和行动来打败敌人，赢取胜利。"②

在拜占庭历史上，没有形成对"战略"一词统一的、一致的概念，但这并不意味着缺乏统一的战略性或全局性的观念，例如，基于基督教背景下为上帝而战的观念以及恢复建立普世罗马帝国的思想等，这种基督教的普世观念和罗马帝国的普世观念结合起来，深刻影响着拜占庭君主的思想和行为，将此视为自身应肩负的重要使命。当然，类似的思想观念还有诸如"上帝一定会帮助和引导那些拥有虔诚信仰的罗马君主，基督教罗马帝国终究会取得对敌人的胜利，尤其是对阿拉伯人更是如此"，这种观念尽管没有体现在以"战略"命名的军事指导手册中，但它确实构成统治者全局性战略思考的一部分。例如，查士丁尼收复西部领土、重建统一的拜占庭帝国的军事行动显然是受到上述政治观念的影响，但上述政治观念只是影响统治者战略规划的一方面，除此以外，统治者还应结合本国经济实力、政治环境、人口资源、后勤补给、武器装备、敌人实力和对外关系等方面权衡利弊，做出合乎当时国情的军事战略规划和部署。《莫里斯的战略》和《战术》都表明当时的拜占庭人已充分意识到敌我双方的优势和劣

---

① Maurice: Maurice's Strategikon. Handbook of Byzantine military strategy ［M］. trans. by George T. Dennis. Philadelphia: University of Pennsylvania Press, 1984. 5. 1-5.

② Leo Ⅵ. Tactica, in Patrologia Graeca ［M］. Paris: Hachette Livre, 1863: 4.

势，并通过一切方法和手段来弥补自身的不足，这继承了罗马人惯于运用策略以达到最佳目的的传统。在两本军事手册中都记载了很多具体的建议或规劝，比如"在不利条件下，将军们不应仓促发起战斗的命令，否则这将会导致生命和资源的浪费"；"要运用多种谋略达到目的，比如拖延战术、伏击战术等，但谋略的最高境界是'不战而屈人之兵'，要尽可能地避免损失惨重的流血战斗"；"通常可以利用拖延战术、巧妙地抓住敌方弱点，利用地形、气候和外交策略等手段来获得胜利"；等等。[1]拜占庭军事的主要特点就是重谋略，轻厮杀。拜占庭将领更多地把军事作战看成一门艺术，一门学问。《莫里斯的战略》和利奥六世的《战术》，讲的都是怎样用最小的代价获得最大的战果。与西欧骑士尚武的风气和东欧斯拉夫人好斗的性格不同，拜占庭人不崇尚武力，他们把好勇斗狠看作无知和粗鲁的表现，认为打仗是不得已的事。这种心态也有不利的一面，拜占庭人一般来说都不愿从军，保家卫国的事就常常由外族人组成的雇佣军来担负，而雇佣军要的只是金钱，经常是既不可靠又不愿出力上阵杀敌。以上这些因素构成拜占庭统治者做出战略规划应考虑的主要层面，在拜占庭历史上，防御型战略是君主和将军采取的最主要战略。拜占庭帝国的军事战略与其前身罗马帝国截然不同。罗马帝国的军事呈现攻势，而拜占庭帝国的军事，除了查士丁尼大帝时期的主动对外扩张外，总体来说呈现守势状态，即使是马其顿王朝和巴列奥略格王朝早期的对外扩张，其目标也是以收复失地为主，并非开拓新疆土。拜占庭帝国的军事守势有多方面的原因，包括基督教教义的影响，帝国人口数量增长缓慢，相对于周围民族的

---

[1] Leo Ⅵ. Tactica, in Patrologia Graeca [M]. Paris: Hachette Livre, 1863: 126-128.
Maurice: Maurice's Strategikon. Handbook of Byzantine military strategy [M]. trans by George T. Dennis. Philadelphia: University of Pennsylvania Press, 1984: 11; 66.

文化优势心态等。与其周边的斯拉夫人、波斯人、阿拉伯人和突厥人相比，拜占庭人并不尚武，剽悍好斗、崇尚武力被他们视为粗鲁、无知和野蛮的表现。拜占庭帝国将军事看作一门艺术，更重视作战的完美性和双方的智慧较量，而不看重战争的结果，因此拜占庭帝国主要是以防御战略为主。

根据著名军事史家克劳塞维茨的观点，防御战略有三种不同的形式，即前沿防御战略（forward defense）、纵深防御战略（defense in depth）和弹性防御战略（elastic defense）。① 除此以外，李德·哈特在《战略论》中论及拜占庭军事战略时明确指出查士丁尼时期采取的是攻势防御战略（defensive-offensive strategy）②，此种战略又称"积极防御战略"，是指为了反攻或进攻采取积极的攻势行动，以挫败进攻之敌的防御。在拜占庭历史上，它仅限于特定时期使用。前沿防御又称为战线防御（perimeter defense），其作战目的是要御敌于国门之外。纵深防御的意图是增加敌军向前占领和推进的难度，最大限度地阻截敌人的行动，从而尽量降低其入侵的收益。弹性防御是运动战的一种形式，其目的是集中己方优势兵力在局部战场上对敌方构成威胁，击溃或歼灭入侵的敌军。③

---

① ［德］卡尔·冯·克劳塞维茨. 战争论［M］. 张蕾芳，译. 南京：译林出版社，2010：47.
② ［英］李德·哈特. 战略论：间接路线［M］. 钮先钟，译. 上海：上海人民出版社，2010：48.
③ 马锋. 查士丁尼时代军事战略研究［D］. 东北师范大学博士论文，2009：64.

第二节 从君士坦丁到查士丁尼的军事战略

一、君士坦丁创立纵深防御战略

君士坦丁大帝创立纵深防御战略是建立在戴克里先军事改革基础之上。戴克里先将军队划分为边防军（limitanei）和野战军（comitatenses）两种序列。从理论上来说，边防军沿着拜占庭帝国的边界线驻扎在要塞或堡垒中，其主要作用在于抗击敌人低烈度的侵袭，削弱敌方主力部队的进攻势头，为本国野战军的围歼争取有利条件。大体上相当于那种定居在边界地区并耕作土地的农兵部队，他们持有土地的条件是履行世袭服兵役的义务。野战军则驻扎在远离边境地区的城镇，该城镇应拥有军事交通线与边境相连，其周边的后勤供应应当充足。野战军的作用有两方面：一方面是用来支持边防军，以其强大的机动能力对侵入到本国境内的敌方军队形成包围和应战态势，歼灭敌方的有生力量或者迫使其撤退，这就要求野战军须具备较强的机动作战能力，而骑兵是当时军队中机动性最强的兵种，这就要求增加骑兵在军队中的比重；另一方面野战军能镇压国内的叛乱，用来确保城镇及其周边区域的安全。但在实践中，戴克里先并未将野战军驻守在城镇附近，而是将边防军和野战军全部调往受蛮族侵袭严重的边境地区，试图在前沿地区阻挡敌人的进攻势头，戴克里先时期的这种战略安排被勒特韦克称为"前沿防御"①。拜占庭史家左西莫斯在其作品中也描

---

① ［美］爱德华·勒特韦克. 罗马帝国的大战略［M］. 时殷弘，等译. 北京：商务印书馆，2008：84.

述了这一战略，"在戴克里先统治下，依靠来自城镇的野战军和驻扎在边境防御工事周边的边防军来保护帝国漫长的边界。当蛮族企图越过边界时，帝国能够提供足够的兵力来对抗他们的进攻"①。直到君士坦丁大帝上台以后，边境的入侵压力逐渐变小，才使其得以充分实施野战军和边防军分开驻扎的计划，发挥野战军机动作战的优势。此外，在这一时期，国家还依靠卫戍部队或宫廷禁卫军作为守卫都城的屏障。宫廷禁卫军有时作为战略先遣队来执行特殊紧急的任务。

拜占庭帝国的军队与古罗马军队和欧洲、近东地区军队的模式都有很大的区别。罗马军队的特点是擅长运用工程和后勤组织，而拜占庭军队则依靠骑兵和轻型步兵，以至于达到了非罗马化的最大限度。在最初的依靠缓冲国家和外交手段之后，拜占庭人逐渐采用了以自己的军队组建边界警备队的方法防守边界，莱茵河和多瑙河成为这些边界的标识，就像在没有河流的地方以土石墙标示边界一样。虽然在这样长的边界上不可能处处派兵把守，也不可能防止袭击者或入侵者从这些边界突破，但是防御确实提供了一条哨所线，用于当敌人跨越屏障时发出警报，从而使防御者迅速集中兵力击退入侵者，如果可能的话，就俘虏那些入侵者。这条防御线还提供了一条有价值的障碍，阻止袭击之敌撤退。拜占庭人以这种方式组织起持久性防御，用于对付出于经济目的而实施袭击战略的蛮族人进攻者，抵抗或驱逐那些坚持侵占拜占庭领土的进攻者。尽管边界的实际障碍常常迫使袭击者将马匹留在后面，但拜占庭人集中的部队要对付这类袭击仍然需要超过重型步兵的行军速度。拜占庭骑兵恰好适应这种要求，轻型步兵也可以，因为他们毕竟比负重的徒步袭击者的行军速度要快。由于大多数袭

---

① Zosimos. The History of Count Zosimus, Sometime Advocate and Chancellor of the Roman Empire [M]. Memphis: General Books LLC, 2010: 54.

击者都希望避免战斗，而防御者的目标一般是将撤退的入侵者逼迫于边界上的障碍之前歼灭之，骑兵和轻型步兵的速度就比战斗中占有优势但运动缓慢的军团更具优越性。只有在抵抗持久性入侵时，罗马军团才投入使用，因此，轻型步兵和骑兵在拜占庭军队中的比例逐步上升。防御边界的部队逐步变为一种民兵，政府分配给他们一定的土地和农田作为报酬。

在 4 世纪，君士坦丁大帝放弃了御敌于国门之外的做法，代之以纵深防御战略，抵御沿边界持续入侵的主要敌人。这一战略依靠的是在帝国边界后方依托从农舍到有围墙城市的广大筑垒地域实施大范围的防御。这些筑垒要点也作为补给基地，可以封锁敌人进入帝国的主要路线，阻滞入侵者向前推进行动，制止其撤退，并成为入侵者企图持续进军的严重障碍。此外，这些要点还为防御者和该地域居民及其牲畜、随身财产提供了避难所。任何企图绕过这些要点的军队都会面临遭到要点守备部队后方攻击的威胁。不过，筑垒阵地只是构成了一部分防线，防御者还需要一支具有强大机动性的野战部队，以克服暴露在敌人面前的要塞和设置了障碍的交通线面临的困难。野战部队要能快速到达敌人入侵的地域，要能便捷地集中起来或者避开战斗，都需要较快的速度，这一要求使得以骑兵和轻型步兵为主的部队成为理想的机动野战部队。勒特韦克认为："纵深防御战略要求野战军和边防军之间有明确的分工与合作，也要求边疆地区有广大的纵深地段能够削弱敌军的锐气，用土地换时间，赢取主力部队集中的时间，进而为主力野战部队围歼来犯之敌提供条件。"① 在当时的人看来，"边境"的概念已经成为一个引起强烈感情的事项，让边境防御失效等同于把

---

① 爱德华·勒特韦克. 罗马帝国的大战略 [M]. 时殷弘，等译. 北京：商务印书馆，2008：136.

边境"出让给蛮族人"。戴克里先通过建造和修复要塞明显地增强了边境的防御实力，但是君士坦丁大帝通过削减一部分边防军而将这些士兵编入机动的野战部队，由此削弱了边境防御。根据学者卡梅隆的研究，"纵观整个拜占庭帝国各个时期的军事战略与战术，帝国军队的布局仍旧体现了纵深防御的特点，只是这种战略在以后的实践中是缩小化了的，无论从规模上还是从程度上都是缩小的。这种纵深防御战略是在敌我力量对比中自身不处于优势，在攻城战略中总体处于守势的一方正确的选择，拜占庭帝国延续了这种纵深防御战略的思想。纵深防御战略多用于拜占庭军队面临大规模的敌人入侵而不得不采取的守势战略。这种防御战略主要用于拜占庭帝国长期据有的疆土，主要是位于与波斯有争议的东方战线和面对蛮族蜂拥而至的多瑙河战线"①。

二、查士丁尼调整为攻势防御战略

拜占庭立国之初，处于四面皆敌的恶劣环境中，其统治者以自保为第一优先，在战略上完全采取守势。直到查士丁尼即帝位后，开始企图收复失地，重振帝国雄风。他即位后，便正式开始了酝酿已久的统治方略——实现"一个国家、一部法典和一个教会"的总体目标。其"一个国家"的目标首先立足于"地中海大一统世界"的信念之上，他相信自己是罗马历代皇帝的正统继承人，自己将要完成的事业是恢复罗马帝国的辉煌。因此，收复西方被蛮族占领的土地就成了他一生为之奋斗的主要目标。于是在贝利撒留和纳尔西斯等名将率领下，拜占庭军队收复意大利南部和中部，并远征北非，此种胜利并非由于拜占庭军队享有数量优势，而是武

---

① A. M. Cameron. The Mediterranean World in Late Antiquity AD 395-600 [M]. London and New York: Routledge, 1993: 51-53.

器、战术和将道都比敌人高明。① 由贝利撒留创立的攻势防御战略是拜占庭帝国在西方进行征服活动时采用的基本战略。根据李德·哈特对贝利撒留的评价："贝利撒留是名副其实的名将，他的得胜并非由于军队数量占优，而是在战场上运用了以奇袭为主的攻势防御战略，他所率领的军队主要是机动的骑兵部队，这有利于开展奇袭行动。另一方面，贝利撒留并不缺乏胆量，他的战术都是设法引诱敌人先动手进攻。他这种作风的理由，一方面是他在数量上总是处于劣势的缘故，另一方面表示他在战术和心理上都有极其精密的计算。"② 实际上，当时，贝利撒留只能运用少量军队来完成征服地中海的巨大任务，因而采取以守势引诱敌人发动进攻的战略。

拜占庭帝国需要具备一定的条件才能成功实施攻势防御战略。首先，查士丁尼推行强化皇权的政治改革和旨在促进国家繁荣的经济改革，前者包括废除古罗马延续下来的民主残余和将数量众多的小行省扩大为大省区，并将地方军政权力重新结合，特别是在东部的亚洲领土上率先推行军政权力的合二为一政策；后者主要包括调整税收制度和发展国内外商业两个方面，建立实物和货币混合税制。③ 通过以上改革，君主专制的中央集权得到强化，国家的经济实力逐步增强，这有利于查士丁尼发动征服西方蛮族王国的军事行动。其次，确定骑兵在军队中的主导地位。在 6 世纪以前的拜占庭帝国军队中，步兵仍旧是主力兵种，作战基本单位以军团为中心，军团作为护卫帝国安全的军事基石，而骑兵只是辅助兵种，随着与蛮

---

① 钮先钟. 西方战略思想史［M］. 桂林：广西师范大学出版社，2003：64.

② ［英］李德·哈特. 战略论：间接路线［M］. 钮先钟，译. 上海：上海人民出版社，2010：36.

③ 陈志强. 拜占庭帝国史［M］. 北京：商务印书馆，2018：132-139.

族军队的征战，帝国军队从战争中学会了许多骑兵知识，但仍然没有确定骑兵在军队中的主导地位。直到塞奥多西二世大量增加蛮族骑兵以补充到帝国军队中，加速扩充了由骑兵构成的机动部队。此后，在查士丁尼即位以后，大力发展骑兵，使骑兵的数量与步兵相当。将骑兵分为重装骑兵和轻装骑兵，同时与之配合的还有重装步兵和轻装步兵，这种轻重装结合、步骑兵协调一致的军队配置体现了拜占庭军事制度的科学性。总之，确立骑兵的主导地位着实改变了拜占庭的对外作战形态，使军队作战更具灵活性和机动性，使以奇袭为主的攻势防御战略得以顺利实现。最后，查士丁尼在军队中实行募兵制，使拜占庭军队主要由蛮族志愿兵和本土士兵构成，而不再是由作为部落群体的蛮族人构成。① 这个时期实行募兵制主要是由于中央集权强大，国家的财力能够支持募兵制，军队的征募更多的是个体，而不是成建制的军队，且对被征募来的军队非常强调训练。募兵制的实行，标志着军队职业化程度的提高，有利于军队战斗力的增强。②

贝利撒留在远征西方的战事中，充分运用攻势防御战略并取得巨大成功的是汪达尔战争。从出兵的出其不意，到进军路线的选择，以至于到最后直捣首都迦太基城都体现了这种战略要求的奇袭效果。这种奇袭的战略瓦解了汪达尔人的有生抵抗力量，而且使其心理防线被彻底击溃。根据普罗柯比《战记》的记载，汪达尔国王盖利摩尔（Gelimer，530—534 年）在特里卡玛卢战役（Tricamarum）之后无心再继续组织军队战斗，汪达尔民众则四处逃生，此后盖利摩尔携王室成员逃亡至摩尔人的领地。盖利摩

---

① W. E. Kaegi. Byzantine military unrest：471－843［M］. Amsterdam：Amsterdam University Press, 1981：45.

② Warren Treadgold. Byzantine and Its Army, 284－1081［M］. Palo Alto：University of Stanford Press, 1998：160.

尔尽管是汪达尔王国的尚武君主，但此战之后他自认为不是拜占庭人的对手。① 在这场战役中，贝利撒留军队的兵力非常少，而且实现了速战速决，没有给国家财政带来多大负担，因此查士丁尼在接下来进行的哥特战争和波斯战争中也继续沿用攻势防御战略，但其作战的效果并不理想。究其原因在于哥特王国和波斯帝国的实力都较汪达尔王国强大，且奇袭战略之所以发挥效果是因为针对的对手是游牧或半游牧民族，对于半游牧的汪达尔人和东哥特人，这种战略还能发挥作用，但用在军事实力雄厚、国土面积庞大且纵深较大的波斯帝国，奇袭不但不能取得决定性的胜利，还会落入敌方的纵深防御当中不能自拔。这种战略至多只能起到战略牵制的作用，难以对其构成致命打击。其中，最典型的战例是在第二次拜占庭—波斯战争中，贝利撒留率军突袭美索不达米亚，进而围攻尼斯比斯城，攻陷了敌方大量要塞，派出部分军队劫掠底格里斯河对岸波斯领土的腹地。然而，贝利撒留不敢再贸然深入，因为他担心会落入敌方的防御纵深地带，而且他们此时即将面对波斯援军的大规模会战，贝利撒留在将士的要求下不得不撤回国内，以求自保。②

---

① Procopius. History of the Wars [M]. trans. by H. B. Dewing. Boston: University of Harvard Press, 1996: 263-268.
② Procopius. History of the Wars [M]. trans. by H. B. Dewing. Boston: University of Harvard Press, 1996: 425-429.

第三节 莫里斯最终确立纵深防御战略

一、军事战略转变的背景

查士丁尼时代的攻势防御战略是帝国历史上的一个特殊阶段，是国家整体防御战略构架下的一个特例。随着查士丁尼征服西地中海事业的完成，拜占庭帝国的领土面积几乎扩大了一倍，拜占庭军队对外扩张的军事成就使查士丁尼重建罗马帝国的政治理想得以实现。565 年，随着查士丁尼的驾崩，他们为之孜孜奋斗、苦苦追求的罗马帝国"光荣"也随之瓦解。查士丁尼企图在罗马帝国旧有体制内为早期拜占庭国家寻求出路的计划落空了，他留给后来皇帝一个艰巨的任务，那就是寻求适合早期拜占庭国家发展的制度和战略。

自查士丁尼去世后，边境地区的形势变得颇为紧张。在东部地区，波斯军队恢复了对拜占庭帝国的攻势，迅速侵入安条克、大马士革、耶路撒冷等重镇，兵临博斯布鲁斯海峡。新兴的阿瓦尔人和斯拉夫人则从北面多瑙河一线大举侵入帝国腹地和希腊地区，形成了对首都君士坦丁堡的巨大威胁。尤其是在莫里斯统治前夕，阿瓦尔人的势力极度扩展，占据整个多瑙河中游的潘诺尼亚地区，并控制多瑙河下游地区的斯拉夫人，他们联合发动对拜占庭人的进攻，582 年年初，阿瓦尔人侵占了多瑙河流域帝国防御重镇西尔缪姆城，并威胁将要继续进攻。① 对于拜占庭帝国而言，斯拉

---

① Theophylact Simocatta. History [M]. trans. by Michael Whitby. Oxford: University of Oxford Press, 1986: 54.

夫人的入侵方式带来的是更大的威胁。斯拉夫人的入侵比阿瓦尔人入侵的范围更广，更持久，更出其不意。① 斯拉夫人比阿瓦尔人走得更远，他们的势力扩展至整个巴尔干半岛，其入侵的范围不但在交通线路附近，而且深入帝国的广大腹地，使巴尔干半岛日益斯拉夫化。他们的渗透也没有表现出大规模的强力冲击，更多的是小规模的渐进渗透，通常由 200~300 人组成一队军事武装，携其家眷以便寻找到适合定居的土地。② 与此同时，拜占庭帝国内部也出现了危机，由于查士丁尼穷兵黩武、长年发动战争和大规模的瘟疫造成人力和财力资源枯竭，庞大的军费开支和大兴土木的费用耗尽了国库资财，这是以后即位的查士丁二世、提比略和莫里斯皇帝面对的共同国情。由于人口和财力的减少，必然加大征兵的难度，帝国的兵源一度受损严重，面对东、西方外敌入侵的严峻形势，莫里斯皇帝不得不将主要的兵力用在东部前线，待到使用外交和军事手段扶助科斯罗伊斯二世恢复王位使两国恢复和平以后，莫里斯才将帝国主要兵力从东部调往巴尔干半岛，对入侵的斯拉夫人展开有效的防御。显然，建立在查士丁尼时期国力雄厚基础上的攻势防御战略不适合莫里斯时期的国家形势，莫里斯上台以后意识到必须对军事战略有所调整。就当时而言，莫里斯无法在巴尔干半岛的多瑙河边界上实现有效的前沿防御，将阿瓦尔人和斯拉夫人阻挡在国境线以外，因为实施前沿防御战略需要大量的精兵相对均匀地分布在防线上的每一处要塞，但这种分散部署使进攻的一方极容易选择特定地点集中兵力进行定点攻击。更何况，当时帝国无法维持前沿战略下所需的

① Ammianus Marcellinus. The Roman History of Ammianus Marcellinus, During the Reighs of Emperor's Constantius, Julian, Jovianus, Valentinianm and Valens ［M］. trans. by C. Young. Wentworth Press, 2019：212.

② A. A. Vasiliev. History of the Byzantine empire：324－1453 ［M］. Madison：University of Wisconsin Press, 1952：136－139.

庞大军队和财政开支。同样是在东部战线，依靠防御工事的密集驻守也阻挡不了波斯军队强大的进攻，583年，达拉城被波斯军队侵占；584年波斯军队对拜占庭所属的亚美尼亚展开持续的进攻。在此情况下，莫里斯最终选择纵深防御战略作为国家的军事战略，以适应新的形势，且当时国家的情况具备实施此种战略的条件。

二、莫里斯时期实施纵深防御战略应具备的条件

莫里斯上台以后，遂在军队中推行一系列的军事改革措施，由于他在东部战场上担任过将军，积累了丰富的指挥作战经验。他是一个富于实践的人，且对个人和国家的状况有清楚的认知，于是他对军队的武器装备和战术进行提升和改进。历史学家西摩卡塔在作品中提到了莫里斯改革以及在军队基层推行改革的难度，但对改革的具体内容只是轻描淡写，不甚详细。笔者难以确定哪些改革成果应归于莫里斯，其中有的改革措施或在他之前推出，或在他之后推出，但可以肯定的是，莫里斯将这些改革成果加以规范化和合法化。莫里斯的军事改革都被记录在《莫里斯的战略》一书中，这是一部非常重要的军事指导手册。莫里斯军事改革的影响一直持续到10世纪，这类改革同时也为莫里斯确立的纵深防御战略的实施提供了条件，改革的具体内容大致如下。

第一，整合军队部署，使边防军和野战军各司其职，并使军队更具野战倾向，具备随时进攻的条件。在莫里斯统治之初，拜占庭帝国的军队被划分为五个机动的野战军（comitatenses）和众多驻守各区域的师级军团（边防军），后者或沿前线驻扎，或分布在帝国腹地要塞中。五个野战军都由将军（magister militum）所统领，将军下辖骑兵长官（magister equitum）和步兵长官（magister peditum）。这五个野战军分别驻守东部（包括亚美

尼亚、美索不达米亚和埃及）、色雷斯、伊利库姆（Illyricum）、小亚细亚西北部和君士坦丁堡，后两个野战军也被称为"中央野战军"（praesental corps），其主要职责是守卫首都君士坦丁堡。① 驻守前线和腹地的军队被称作"边防军"（limitanei），边防军主要驻扎在堡垒中，主要作用是对抗低烈度的敌人的侵扰，或者削弱敌人大部队的进攻锐气，为野战军的围歼争取时间。野战军驻扎在远离边疆有军事交通线与边境相连的城镇，它的作用一方面是用来支持边防军，快速地对侵入本国境内的敌人形成包围的态势，歼灭敌人或者迫使敌人撤退；另一方面是镇压国内的叛乱，维护城镇及其周边地区的安全。莫里斯在北非和意大利推行军事化管理措施，以及在亚美尼亚组建驻防军队。在他统治末期，帝国境内的边防军多达25支，分布在巴尔干西北部的西徐亚、中东、埃及和毛里塔尼亚等地区的边界和腹地，在各个区域发挥军事守卫和政治统治职能。② 在这一时期，野战军和边防军的界限较为模糊，主要是由于某些城镇周边既驻扎边防军，也驻扎野战军，且发挥相同的军事职能。查士丁尼在多瑙河下游地区建立边防军建制，设立边区长官（quaestura exercitus）统辖，其军事职能与军事长官相似，不过边区长官还在此基础上增加了行政管理职能。边区长官统辖包括多瑙河前线（西徐亚和莫埃西亚行省）和位于小亚细亚沿海省份卡里亚（Caria）的边防驻军。这一举措旨在将多瑙河沿岸陆上防御力量与爱琴海上防御力量整合起来，一旦蛮族从多瑙河下游地区侵入，帝国的边区长官就可以随时调集边防军、野战军和海军对蛮族的进攻势头进行阻遏，使其不能深入内地。在王宫里面或附近还驻有若干支军事力量，旨

---

① John. Haldon. The Byzantine wars: Battles and campaigns of the Byzantine era [M]. Clarleston: University of Clarleston Press, 2000: 24.

② John Haldon. Warfare, State and society in the Byzantine world, 565 – 1204 [M]. London: University of London Press, 1999: 63.

在保护王宫的安全，或被皇帝随时调遣以应对紧急突发事务。其中最重要的两支武装力量分别为中央直辖野战军团（scholae palatinae）和宫廷卫队（excubitores）。前者由 7 个分遣队组成，每个分遣队包括 500 名重装骑兵。当时，帝国海军的实力还是相对有限的，在多瑙河流域部署几支小型舰队，在君士坦丁堡和拉文纳各部署一支舰队。

　　第二，确定以骑兵为主导的作战体制，为纵深防御战略提供机动灵活的快速反应能力。拜占庭骑兵有三种类型，分别是重装重铠骑兵、游击部队的轻骑兵和骑射手部队。其中，还有一些雇佣骑手，特别是从大草原和东欧招募来的匈奴骑兵，这些部队都非常重要，但骑射手部队可能最出色。西摩卡塔称："这些士兵技术高超，能够从飞奔着的战马的任何一侧进行精准的弓箭射击。他们还可以从战马后部进行射击，以便在撤退的情况下保护自己及其同伴，而且他们的弓箭比匈奴人以及宿敌波斯人的弓箭更具穿透力。"① 拜占庭骑射手的装甲也比对手要优良，他们拥有躯干和腿部护甲，并有背在肩膀上的一面盾牌，用于在射箭时保护脖子和面部。同时，他们还佩有一柄剑，可以在近距离格斗时充当轻骑兵。另一支出色的拜占庭军队是重骑兵部队。这些士兵佩有一张弓和弓鞘，一个装有三十四支箭的有盖箭囊，两柄标枪和一柄剑。他们披挂有抵到脚踝的长锁甲，戴有配装护喉的铁头帽和一个羽毛盔。他们的战马也身披铠甲，不在战场上使用时它们也配有战时的所有装备。拜占庭人主要使用这些部队冲击步兵阵线以造成混乱局面，为步兵冲击做准备。拜占庭的骑兵数量从未超过其步兵，其 2.5 万人的合成部队也不比其敌人的部队多。在每一场战争中，拜占庭人都是用其骑兵来削弱战场上数量占优势的敌人。在运动战和围攻

---

① Theophylact Simocatta. History ［M］. trans. by Michael Whitby. Oxford：University of Oxford Press, 1986：107.

战中，骑兵承担了征收粮草和侦察的重要任务。正是因为莫里斯充分意识到骑兵的重要性，于是在他统治期间千方百计地从亚美尼亚招募骑兵，用来补充到巴尔干前线，为了使这项政策更具操作性，他将亚美尼亚骑兵连同家眷迁徙至巴尔干半岛，并颁赐给他们土地。① 骑兵头戴古盔或圆锥形头盔，头盔顶上有一簇彩色马鬃；锁子甲戎装从颈项一直覆盖到大腿，他们脚蹬铁履，上部为皮靴或胫甲以保护小腿，手和腕部戴有铁手套。他们手执圆盾，盾通常用皮带缚在左臂上，这样两只手就都可以空出来操纵马缰或挥舞兵器，而且可以在白刃战时保护易受伤害的左侧身体。在盔甲外面套有一件较轻的棉制披风或长衣，每一支部队的衣服、头盔上的马鬃以及圆盾都染成统一的颜色以区别于其他的部队。每个骑兵的马鞍上还绑有一件较重的大氅，既可以在冷天穿着御寒，也可作为毯子来用。部署在正面前排位置的骑兵马匹的头、颈、胸等部位也都挂着盔甲。马鞍制作得相当结实，而且填充得很好，每副马鞍都带有宽大的铁马镫。重骑兵的兵器通常包括弓、箭袋、长枪、大刀、短箭等，有时在马鞍上还绑有一把战斧。大多数骑兵既有弓箭又有长枪。不过一部分重骑兵只有长枪。据推想，当他用弓射箭时，他的长枪便插在马镫或马鞍套里。反过来，当他使用长枪、大刀或战斧时，便将弓吊在马鞍上。长枪上挂着一面狭长三角旗，其颜色跟头盔上的马鬃、长衣和圆盾相同。骑兵和马匹都经过严格的训练，能够在练兵场和战场上进行复杂的队形变换。他们特别强调射箭技术，并不断训练其他各种兵器的使用方法。②

　　第三，确定军队较完备的战术阵形。拜占庭军事原则的基本出发点是

① Theophylact Simocatta. History ［M］. trans. by Michael Whitby. Oxford：University of Oxford Press，1986：114-115.

② ［英］马修·贝内特，等. 图解世界战争战法之中世纪卷［M］. 徐淼，译. 银川：宁夏人民出版社，2008：72-74.

打进攻战或积极防御式的进攻战，给敌人以一连串沉重的打击。根据《莫里斯的战略》，拜占庭军队的基本战术队形主要由五个部分组成（根据具体的作战环境可以有较大的变动）：一是中央第一横队，二是中央第二横队，三是预备队/后卫队（通常分为两组，放在两个侧翼的后面），四是负责近距离包围和掩护侧翼的卫队，五是负责远距离包围和掩护的部队。①在步兵和骑兵数量大致相等的联合部队中，前两个部分由步兵组成，其中圆盾兵居于中间位置，轻步兵位于侧翼，后面三个部分都是骑兵。倘若步兵部队太少，那么步兵就只充当中央第二横队，或者作为一支附属预备队放在两个中央骑兵横队的后面。如果敌人主要是骑兵，而拜占庭的军队基本上都是步兵，则步兵第一横队首先迎战敌人。拜占庭圆盾兵确定自己的侧翼和背后有骑兵的保护，因此能够像古罗马军团的士兵那样有效地对付敌人骑兵的进攻。敌人最初的进攻首先要遭到负责近距离包围和掩护侧翼的卫队对他翼侧的抵抗。其次，负责远距离包围和掩护的部队很快会给敌人的翼侧和背后以更沉重的袭击。假如拜占庭军队的这些反击未能奏效，而且第一横队被迫撤退，该横队就会像古罗马军团的传统做法一样，穿过第二横队的间隔向后移位，由第二横队接战。负责包围作战的部队也同时后撤，以便重新编队后继续向敌人发动攻击。最后，如果第二横队也支持不住，而在原来的第一横队还没有来得及重新集结时，还可以调用预备队发起猛烈的反击。他们常常不是正面进攻敌人，而是实施两面包围，这样可以确保战斗的胜利。显然上面这种战斗形式可以产生许许多多的不同变化，以对付不同的敌人和不同类型的军队，并且可以摆成各种各样的阵势。值得注意的是，当时不仅有了标准的战术条令和经常性的作战训练，

---

① Maurice：Maurice's Strategikon. Handbook of Byzantine military strategy［M］. trans. by George T. Dennis. Philadelphia：University of Pennsylvania Press，1984：78.

而且十分重视实施包围战和协同作战（包括兵器投掷和突击行动的协同，步兵和骑兵这两个基本兵种的协同以及整个部队中各个组成部分之间的协同等）。此外，他们还保留一支精力充沛的预备队，以此来赢得一场恶战的胜利。虽然拜占庭的步兵从属于骑兵，但步兵的作战原则绝不是消极被动的。当圆盾兵跟敌人步兵遭遇时，不管是联合兵种作战还是在崎岖不平的地形上进行单纯的步兵作战，他们总是抓住战斗的主动权，跟弓箭兵和投掷兵密切协同，对敌人实施突击。圆盾兵的战斗队形通常纵深为16人。各步兵中队能够各自将部队展开，像古罗马军团的中队那样将各排拉开距离或并拢。进攻时，他们向敌人猛冲过去，不等靠近便将长枪投出。这跟古罗马军团的中队战斗方式也是一样的。因此，圆盾兵中队同时具备了军团和方阵两方面的优点。骑兵中队的队形通常纵深为8~10列。拜占庭人懂得这种队形要比2~8列骑兵组成的横队来得呆笨些，但是他们宁肯稍微牺牲一点部队的机动性，以换取纵深紧凑队形带来的较大安全性。①

第四，莫里斯下决心在帝国境内取缔私人武装。私人武装已经存续了一个多世纪，在查士丁尼时代，野战军中一个重要的组织是军队中核心领导人的私人武装。查士丁尼时代的将领贝利撒留就拥有这样一支私人武装，在他的事例中被人们熟知的是他的家庭骑兵增加到超过7000人的力量。② 这些私人武装由他们的主人付薪、训练和装备。士兵向他们的雇主宣誓效忠，而不是皇帝，这样自然成了对皇权的一种威胁。③ 根据塞奥发

① John Haldon. Warfare, State and society in the Byzantine world, 565-1204 [M]. London: University of London Press, 1999: 78.

② Procopius of Caesarea, History of the Wars [M]. trans. by H. B. Dewing, Boston: University of Harvard Press, 1996: 366.

③ David Nicolle. Romano-Byzantine Armies: 4th-9th Centuries [M]. Oxford: Osprey Publishing Ltd, 1992: 6-7.

尼斯记载，私人武装的勇士常常被贝利撒留作为临时分遣队的指挥官，也常常成为他打开战斗僵局的主要依靠力量。[1] 到了莫里斯时代，财政上的困难使私人武装的数量大减，帝国的军队数量也因此削减。于是莫里斯规定军队的长官必须直接由中央政府任命，士兵只允许对皇帝宣誓效忠，而不允许对地方军事将领宣誓效忠。军队必须服务于国家，而不是任何个人。[2] 基于以上改革，军队变成了国家的军队。纵深防御战略需要中央对军事和民政拥有较为牢固的控制，能够有效动员这两个方面的资源，而取缔私人武装恰恰有利于加强中央集权，使中央掌握了军队的调度权和主力野战军的部署权。

第五，确定以营团（bandon 或 tagma）为基本战斗单位的军事结构，每个营团的建制为 300 名士兵。建立营团—旅（chilias）—师（moria）的体制，以营团为基层作战单位，提高军队的机动灵活性。[3] 在古典世界，在军事组织方面除了马其顿方阵和罗马军团以外，还应加上拜占庭营团。bandon 这个词来源于日耳曼语，它的原意是召集士兵集合的旗帜或横幅。这种作战单位用希腊语称为 tagma，意为队形、队列，拉丁语是 numerus。莫里斯还提高军队的组织和管理水平，使其更加统一有序，由此军队的一体化和凝聚力获得较大提升，此外莫里斯还减少外国雇佣军的征募数量，主要招募本土士兵，尤其是招募亚美尼亚骑兵，在莫里斯统治后期亚美尼

[1] Theophanes Confessor. The Chronicle of Theophanes Confessor, Byzantine and Near Eastern History AD284–813 [M]. Oxford: University of Oxford Press, 1997: 288.

[2] Theophylact Simocatta. History [M]. trans. by Michael Whitby. Oxford: University of Oxford Press, 1986: 142.
Maurice: Maurice's Strategikon. Handbook of Byzantine military strategy [M]. trans. by George T. Dennis. Philadelphia: University of Pennsylvania Press, 1984: 16.

[3] Maurice: Maurice's Strategikon. Handbook of Byzantine military strategy [M]. trans. by George T. Dennis. Philadelphia: University of Pennsylvania Press, 1984: 35–37.

亚籍士兵在军队中的数量显著增加。

三、纵深防御战略的要点和战例

爱德华·勒特韦克认为："倘若面对足够机动和强大以致能在任何经选择的穿透轴心上突破防御的敌人，那么原则上有可供选择的两种防御方法。第一种方法通常被称为'弹性防御'，它使完全放弃周边连同其防御工事和相关的基础设施成为必要。防御将仅仅依靠机动部队，它们应当至少像进攻部队一样机动。双方在同等条件下战斗，一方面，防御要像进攻一样迅速集中，因为它不需派兵据守任何固定的阵地，也不需分兵保护领土；另一方面，防御一方由此牺牲掉它通常固有的一切战术优势，因为双方均不能选择场所，遑论防御一方能预先筑防。第二种方法是纵深防御，要点有二，一是各自独立的防御据点，二是部署于它们之间或它们后面的机动部队。"① 虽然只有进攻方拥有集中兵力的便利，但防御方拥有各独立据点与野战机动部队之间互相支持之利。倘若各防御据点战斗力较强，足以在攻击下存活下去而无须机动部队的直接支援，倘若机动部队能够抵挡或规避野外集中攻击而无须各据点的掩护，且倘若进攻方最终必须攻克据点才能取胜②，那么成功的纵深防御的条件便告齐备。进攻方迟早将面对固定据点与机动兵力协同行动的优势力量。总之，纵深防御战略的总特征是一种"后方"防御，与先前边境战略的"前沿"防御特征相反。在这两种战略中，敌人必须最终被阻截，但是前沿防御要求在边境之前阻截住

---

① ［美］爱德华·勒特韦克．罗马帝国的大战略［M］．时殷弘，等译．北京：商务印书馆，2008：136.
② 进攻方通常必须实现这一攻克，因为它为了后勤支持，需要使用由防御据点掌控的道路。

敌人，从而境内的和平生活可以不受影响地继续下去，后方防御却规定只在帝国领土以内阻截敌人，与此同时，由堡垒、乡镇、城市甚至单个农舍的点状防御遏制敌人的劫掠。面对能够在任何狭窄的边境地段上集中压倒性兵力的敌人，从前沿防御演变为纵深防御已成必然。

对纵深防御战略的长期依赖导致维持敌人入侵与防御方最终反攻之间的一种稳定的平衡成为必需。入侵必会发生，而且除非它异常虚弱，要阻止它已不再能依靠边境线本身加以拦截，因为其驻防军分布稀疏。敌人在边境上仅仅遇到固定的防护哨和虚弱的巡逻部队，能够经常越过边界线而实际上不遭抵抗，然而在纵深防御背景下这不再意味着防御体系已被颠覆和攻克。相反，敌人将发觉自己处于一个纵深变动的外围战区，在其内部大小据点、围以城墙的城市、筑有工事的农庄、设防的谷仓和避难所将被保留下来，每个都能经久地抵抗没有装备围攻器械的敌人。在这战区外是防御的机动部队，为野战部署，且有工事设防场所的支援。防御工事对机动部队的支援主要存在以下几个方面。第一，经工事筑防的独立据点能够用作供应仓库。在早期拜占庭帝国时期，拜占庭军队最重要的对敌优势是后勤优势，拜占庭的胜利常常是吃饱喝足的拜占庭军队与饥肠辘辘的蛮族入侵者之间对抗的结果，那些入侵者在他们已蹂躏的地区未能找到不加防守的食物储备和后勤物资。大多数蛮族入侵者习惯游牧作战，极少自行携带粮草和后勤物资，在构筑了工事的据点中的食物和饲料是敌人得不到的。第二，边境上的固定防御点能起到一定的屏障作用。帝国在多瑙河边境或其他河流浅滩对面建筑沿河堡垒，目的在于阻截蛮族入侵的通行便利。第三，独立的防御工事能拖延敌人进攻。帝国机动部队必须尽可能快地行进，以达到纵深防御战略所要求的兵力快速集中，为了确保愈益集结的帝国部队和供给车辆安全通过以及民用交通便利，同时不让敌方通行无阻地使用道路，便沿着大道每隔一段距离就修筑路旁堡垒。配备小分队的路旁堡垒虽然无法有效地阻挡敌方大部队通过，但它们至少能够阻截散兵游勇和粮草征收队，或者迫使敌人费时绕路。第四，提供临时庇护所，保存处于压力下的机动部队的实力。在纯粹的弹性防御战略下，寡不敌众的防御部队面临无情的抉择：要么逃遁，要么战败。然而，若有据点可用，寡不敌众或被击败了的机动部队就不一定被歼，抑或不一定四散逃跑。对帝国而言，维持训练有素的兵源供给一直是根本大事，而据点就有此双重作用：将墙内驻防军的防御实力最大化；给可能会被歼灭或被逐出战场的机动兵力提供临时庇护所，以保存实力。①

　　根据《历史》的记载②，阿瓦尔人自583年再次对拜占庭帝国挑起战端，他们的军队突破多瑙河上游的拜占庭驻防要塞，侵占辛吉东农城，且守城将士经过一番艰苦的斗争之后此城才被阿瓦尔人攻占，随后阿瓦尔人开始横扫多瑙河沿岸的许多城市，从维明纳修、奥古斯坦直到安奇阿鲁斯。由于莫里斯此时关注的重心在东部前线，他不打算将有限的军事实力用于两面作战，于是他派遣代表与阿瓦尔人谈判，谈判最终破裂，双方没能达成和平协定，不过阿瓦尔人并没有采取进一步的军事行动，由于后勤补给不足，阿瓦尔人决定撤军。但阿瓦尔人在584年怂恿斯拉夫人对拜占庭领土展开大规模侵袭，西摩卡塔记载了斯拉夫人从边疆直到腹地长城的侵袭，莫里斯皇帝出于对蛮族侵袭的恐惧，他派遣野战军前往长城一带支

---

① [美]爱德华·勒特韦克. 罗马帝国的大战略［M］. 时殷弘，等译. 北京：商务印书馆，2008：138-140.

② Theophylact Simocatta. History［M］. trans. by Michael Whitby. Oxford：University of Oxford Press，1986：48.

援，希望现有的兵力能够守卫长城，进而保卫君士坦丁堡。① 科蒙提奥鲁斯临危受命，被紧急任命为御敌将军，前往色雷斯抗击斯拉夫入侵，双方在额吉纳河附近展开激战，最终拜占庭军队取得胜利，重创了斯拉夫人，使其入侵势头受到遏制。②西摩卡塔认为，"没有哪支军队能完全阻止阿瓦尔人和斯拉夫人的入侵，罗马军队所能做的就是尽可能缩小蛮族入侵的程度和范围"③。这段话表明，当时帝国在巴尔干半岛防御的状况，采取御敌于国门之外的前沿防御已无可能，大规模的蛮族突破前沿要塞防御，进入巴尔干腹地，拜占庭军队能做的就是进行持久的纵深防御，动用野战军队、宫廷卫队或当地民众的自卫来尽可能地抵御敌人的进犯和蹂躏，将损失降到最小。

588 年，在普里斯哥指挥的第一场巴尔干战役中，阿瓦尔汗王柏严命令臣属的斯拉夫人建造足够多的船只来帮助阿瓦尔军队渡过多瑙河④，但是这项计划由于受到辛吉东农民众（或军队）的袭扰而没有成功，这是莫里斯统治以来第一次主动地阻止阿瓦尔人的入侵计划。此后，莫里斯派遣大量精兵强将渡过多瑙河，他们大部分是经验丰富的伦巴德和亚美尼亚雇佣骑兵，拜占庭帝国在多瑙河沿线的严密布防使阿瓦尔人不敢轻易越过多瑙河和萨瓦河。况且，由于拜占庭人对阿瓦尔人的老巢不断地发动骚扰，

---

① Theophylact Simocatta. History ［M］. trans. by Michael Whitby. Oxford：University of Oxford Press，1986：60.
  Theophanes Confessor. The Chronicle of Theophanes Confessor, Byzantine and Near Eastern History AD284-813 ［M］. Oxford：University of Oxford Press，1997：254.

② Theophylact Simocatta. History ［M］. trans. by Michael Whitby. Oxford：University of Oxford Press，1986：60.

③ Theophylact Simocatta. History ［M］. trans. by Michael Whitby. Oxford：University of Oxford Press，1986：61.

④ Theophylact Simocatta. History ［M］. trans. by Michael Whitby. Oxford：University of Oxford Press，1986：194.

使得阿瓦尔人不敢越过多瑙河长时间地发动军事袭击。阿瓦尔人准备了充足的食物和粮草，克服了拜占庭人对他们的军事骚扰，在588年的盛夏时节，他们开始了又一次侵袭行动。与此同时，莫里斯任命普里斯哥担任巴尔干军队将军。阿瓦尔人此次进攻选择的突破点是斯特林山脉中部的斯皮卡关口，由于拜占庭守军实力薄弱，该关口很快被阿瓦尔人突破，他们随即穿过罗斯山谷，进军安奇阿鲁斯。① 拜占庭人的第一道防线被突破之后，普里斯哥只好寄希望于第二道防线，他全力加强"莫里斯沟渠"沿线的防卫力量，并且制订了作战计划以阻止阿瓦尔人突破这一地区。普里斯哥组建的第二道防线也阻挡不了阿瓦尔人强大的进攻势头，不得不撤退，莫里斯最终通过向阿瓦尔人威胁将要派遣海军舰队或请求突厥人进攻其老巢潘诺尼亚和西尔缪姆城，迫使阿瓦尔人退兵。《莫里斯的战略》建议拜占庭军队进攻斯拉夫人的方法之一是将军将军队分出几大部分，然后命令副将率领一支快速移动的骑兵营团（bandon）作为先遣队摧毁斯拉夫人的农村地区，在先遣部队之后紧跟着由将军率领的主力部队。② 一个最明显的例子是587年科蒙提奥鲁斯的副将卡斯图斯和马丁率领先遣队攻占斯拉夫人的农村地区，科蒙所率领的主力部队为前方的先遣队提供了稳固的后方保障。对于多瑙河沿线的战役，《莫里斯的战略》建议将军派一名高级军官率领骑兵营团在一天之内快速穿越多瑙河，迅速侵占斯拉夫人的一部分土地，以迅雷不及掩耳之势进攻未经准备的斯拉夫军队，而后方主力部队为先遣部队提供有力的后援支持。

在莫里斯统治期间阿瓦尔人一共发动了5次主要的侵袭，在其他时期

① Theophylact Simocatta. History ［M］. trans. by Michael Whitby. Oxford：University of Oxford Press，1986：195.

② Maurice：Maurice's Strategikon. Handbook of Byzantine military strategy ［M］. trans. by George T. Dennis. Philadelphia：University of Pennsylvania Press，1984：120.

阿瓦尔人也经常越过多瑙河对帝国领土构成重大威胁，但是这些入侵事件的影响都不够深远，没有吸引住西摩卡塔的注意，除了笔者在上文中分析的两次侵袭外，还有 586 年、595 年、597 年三次侵袭，阿瓦尔人通常选择沿多瑙河的入侵线路，多瑙河沿岸平原地区比巴尔干中部的山区地形开放，重要防御工事较少，而在巴尔干中部地区，沿奈苏斯和萨尔迪卡一线由查士丁尼修建的防御工事密集于此。对于阿瓦尔人大规模的骑兵部队来说，很难轻易地通过这些守备严密的防御工事；且当阿瓦尔人来袭时，当地的民众躲入城堡避难，将城内的物资藏匿起来，断绝了阿瓦尔人的粮草供应。① 曾经有两次阿瓦尔的使节在巴尔干中部山区被当地的强盗劫持②，如果阿瓦尔选择沿军事公路入侵，一小股拜占庭军队即可阻挡他们，或者极易被埋伏的拜占庭军队袭击③；拜占庭城镇被侵袭的时候，在支援的野战军赶来之前，当地的防御主要依靠守军和民众的齐心协力，大多数城镇都拥有驻军和民兵用来守卫城墙④，但是只有民众较团结和组织管理有序的城市才能在蛮族入侵的巨大压力面前实施有效的防御。在这危急时刻，城市民众往往为了生存而采取自救行动以及积聚地方资源解决所面临的安全问题。而在 591 年之前，用以支援野战军队的数量和实力都非常有限，难以抵挡蛮族的侵袭，无论采取何种策略，在擅长骑兵作战的阿瓦尔人面前都难以奏效，当时拜占庭人唯一的优势在于海军，驻守多瑙河的海军舰

---

① Maurice：Maurice's Strategikon. Handbook of Byzantine military strategy ［M］. trans. by George T. Dennis. Philadelphia：University of Pennsylvania Press，1984：116.

② Menander Protector. The History of Menander the Guardsman ［M］. trans. by Roger C. Blockley. Liverpool：Liverpool University Press. 1985：36.

③ Theophylact Simocatta. History ［M］. trans. by Michael Whitby. Oxford：University of Oxford Press，1986：195；226.

④ Maurice：Maurice's Strategikon. Handbook of Byzantine military strategy ［M］. trans. by George T. Dennis. Philadelphia：University of Pennsylvania Press，1984：109.

队经常起到战略牵制作用，或者进攻敌人老巢以迫使其退兵，或者协助野
战部队对多瑙河附近的蛮族展开清剿行动。对蛮族展开清剿行动主要是
591年东部战火停息之后，大量的兵力投入巴尔干半岛，莫里斯由此组织
军队展开反攻战，并在595年和597年两次蛮族侵袭的过程中成功运用骑
兵野战战术阻挡了阿瓦尔人的进攻。

第四章

罗马军团结构的变革

第一节　戴克里先军事改革以来军团结构的发展

正如在战场上实际参加战斗的士兵数量经常与花名册上的士兵数量不一致一样，在战场上军队的阵形与组织也与军事指导手册上的不完全相同，因此在《君士坦丁堡职官录》（*Notitia Dignitatum*）中记录的军事单位编制在现实的战争中也不会完全实现。只有像叙利亚或安纳托利亚这样大的军区才能提供具有完整编制的作战部队，而大多数地方只能派遣分遣队来抵御敌人的进攻。如果要组建一支远征军，就需要从各个地区调来分遣队，尽管从同一个单位来的士兵通常会被分到一起，但所有的分遣队都必须统一听从远征军司令的命令和指挥。根据过往的经验与机动骑兵营的系统使戴克里先裁减野战军的军团组成人数至每军团 1000 人，使军队可以确保战略与战术的弹性而不用派遣分队作战。而边防军的军团则维持完整强度，即 4000~6000 人。两军的辅助部队每队人数相同，为每队 1000 人。当戴克里先将每支罗马军团从 5500 人裁减至 1000 人的时候，他仍然保留着大部分原来的军队结构，他对步兵大队（cohorts）和骑兵大队（alae）并没有做多大结构上的改变，在每一步兵大队内部，从上到下的军衔序列仍然是大队指挥（tribunes）、百夫长（centurions）和十人队长（decurions），这一结构一直沿用到 6 世纪。在拜占庭帝国早期，每一个步兵大队都配备一名大队指挥，大队指挥下辖 6 名百夫长，其下包括 60 名十人队长，每名百夫长下面有 80 名步兵，每名十人队长下面有 8 名步兵（包括十人队长自己）。① 每个骑兵大队也都配备一名大队指挥，统辖 16 名十人队长，每名十人队长统率由 30 名骑兵组成的一支骑兵中队（turma），在骑兵大队内部没有百夫长的设置。因此，戴克里先组建的新的军团规模在 1000 人左右，它由一个步兵大队和一个骑兵大队构成，人数都是 500 人（将士兵和军官计算在内）。②

　　关于军团的结构在埃及的纸草文献和 6 世纪末的军事手册《莫里斯的战略》中都有记录，除了大队指挥、百夫长和十人队长这三个军阶之外，它们还记录了另外一些军衔编制。纸草文献对军团的一个重要军阶——代理大队指挥（vicarius）非常重视，它在大队指挥缺席的情况下代行管理职能。有一份纸草文献记录了 6 世纪步兵大队指挥手下拥有 8 名高级官员（ordinarii），包括 1 名高级百夫长（primicerius）、1 名秘书（adjutor）和 6 名百夫长。此外，纸草文献还提到军需官（actuarius）、旗手（draconarii）、代理百夫长（optio）、军医（surgeon）、教官（campidoctor）

---

① 从字面上来看，百夫长应该要统辖 100 名士兵，十人队长应该要统辖 10 名士兵，但是在罗马共和国时期每位百夫长和十人队长统辖士兵的数量都有所削减。

② G. R. Watson. The Roman Soldier［M］. New York：Cornell University Press, 1985：22, 24-25.

和鼓手（drummer）。① 《莫里斯的战略》除了记载以上军阶外，还记载了传令官（herald）、勤务兵（cape bearer）和号兵（trumpeter）等。②

根据以上文献的记载，戴克里先改革后的步兵大队的军阶编制以及人数已经确定，每一个步兵大队包含 501 人，其军阶编制如下：指挥（tribune）1 人，副指挥（vicarius）1 人，副官（primicerius）1 人，秘书（adjutor）1 人，百夫长（centurions）6 人，教官（campidoctor）1 人，军需官（actuarius）1 人，代理百夫长（optio）1 人，军医（surgeon）1 人，传令官（heralds）2 人，旗手（draconarii）2 人，勤务兵（cape bearer）1 人，号兵（trumpeter）1 人，鼓手（drummer）1 人，十人队长（decurions）60 人，普通士兵 420 人。骑兵大队的编制与步兵大队基本上一致，只是没有百夫长和十人队长这两个军衔编制。在戴克里先时代，每一支骑兵大队包含 16 名十人队长，其下统辖 30 名骑兵。尽管在戴克里先时代骑兵大队没有设置百夫长，但到了君士坦丁大帝时代，百夫长被重新设立。《莫里斯的战略》中提到骑兵百夫长，用 hecatontarchs 表示，并指出他是骑兵大队指挥的属下。③ 纸草文献记录了在 4 世纪中期的骑兵大队中已经有百夫长这一军衔设置。④ 4 世纪的骑兵百夫长可能统辖 120 名士兵。根据 4 世纪初的纸草文献，骑兵百夫长统率骑兵的数量最多为 121 人，最少为 116 人。⑤

---

① A. H. M. Jones. The Later Roman Empire, 284 – 602: A Social, Economic, and Administrative Survey [M]. Baltimore: Johns Hopkins University Press, 1986: 626, 634, 674-675.

② Maurice's Strategikon. Handbook of Byzantine military strategy [M]. Philadelphia: University of Pennsylvania Press, 1984: I .3, I .5, III.1, XII.7.

③ Maurice's Strategikon. Handbook of Byzantine military strategy [M]. Philadelphia: University of Pennsylvania Press, 1984: I .3.

④ A. H. M. Jones. The Later Roman Empire, 284 – 602: A Social, Economic, and Administrative Survey [M]. Baltimore: Johns Hopkins University Press, 1986: .647.

⑤ Duncan Jones. Pay and Numbers in Diocletian's Army [J]. Chiron, 1978, (8): 541-560.

因此，骑兵大队总的人数就此确定下来，一个骑兵大队总共 499 人，包括 4 名百夫长、16 名十人队长、464 名骑兵、15 名行政后勤官员（与步兵大队一致）。

以上基本上沿袭了传统罗马军团的编制，此外还有军团的一些新的形式，比如，步兵中的同盟军团（auxilia）和伪野战军（pseudocomitatenses），骑兵中的骑兵分队（vexillations）和临时骑兵队（cunei），以及宫廷禁军团（Scholae），它们都没有设置百夫长或十人队长，与传统罗马军团的军阶编制不同，这些骑兵军团的编制还有一些新的军衔名称。4 世纪的圣杰罗姆（St. Jerome）记录了当时这类以骑兵为主的军团的军衔①，它们是骑兵指挥（tribune）、副官（primicerius）、教官（senator）、高级百夫长（ducenarius）、百夫长（centenarius）、二级军士（biarchus）、哨兵（circitor）、一级军士（semissalis）、普通士兵（eques）、新兵（tiro），这些军阶术语很多都与官僚机构术语联系紧密，这反映出当时中央集权官僚体制的加强②。每一军衔的职能应是明确的，尽管到目前为止学界尚未真正全部辨析每一军衔的内涵。骑兵指挥和副官已存在于旧有的罗马军团建制中，tiro 指的是那些还没有达到普通士兵军衔的人；eques 是指普通的士兵；semissalis 是指比普通士兵高一级军衔的人，通常指能领到军饷的一级军士。③ 4 世纪晚期，军事作家韦格蒂乌斯在其著作《罗马军制》中描写他那个时代罗马军团的

---

① 圣杰罗姆（347—420 年）：拉丁文学者，他写成《拉丁语圣经》，是第一本将《圣经》从希伯来文译成拉丁文的权威性著作。

② A. H. M. Jones. The Later Roman Empire, 284 - 602: A Social, Economic, and Administrative Survey [M]. Baltimore: Johns Hopkins University Press, 1986: 633-634.

③ A. H. M. Jones. The Later Roman Empire, 284 - 602: A Social, Economic, and Administrative Survey [M]. Baltimore: Johns Hopkins University Press, 1986: 635.

军制已经发生了变化①，他认为高级百夫长是指统领 200 名士兵的军官，而百夫长只能统领 100 名士兵，"circitor"是指哨兵，此时也成为一级军衔。② 在一块 4 世纪末期的墓碑上镌刻着墓主人的军衔——二级军士（biarchus）和旗手（draconarius），这实际上表明这是两个不同的军衔，其职能是不一样的。③

在戴克里先以后的时代，无论是边防军还是野战军中都存在传统的罗马军团编制结构和新军团编制结构，后者主要指同盟军团，他们经常需要并肩作战，有时甚至要融合为一体。在这种形势下，新旧军团的结构相互影响，相互融合，区别不再明显。著于 6 世纪末期的《莫里斯的战略》书中就没有新旧军团结构之分，只有步兵和骑兵之分，尽管此时罗马军团和同盟军团仍继续并存。《莫里斯的战略》论及军团结构时只提到了大队指挥、百夫长和十人队长 3 个军衔，他们不再用原来的名称，而是分别用新的名称替代，counts、hecatontarchs 和 decarchs④，在当时的军队中这三个军衔具有普遍性，即使在同盟军团中也能看到百夫长和十人队长发挥作用。

关于帝国海军的军事结构的信息是缺乏的。在《君士坦丁堡职官录》

---

① 韦格蒂乌斯（Flavius Vegetius Renatus）：古罗马军事著作家。生卒年不详，主要活动期约在 4 世纪。根据罗马作家大加图及奥古斯都、M. U. 图拉真皇帝等留存的资料，曾撰写有军事著作《罗马军制》。书中论述了拜占庭时代罗马军团的编制、装备、训练和作战方法等。该书开始产生影响是在中世纪后期。随着步兵的衰落和重装骑兵的兴起，韦格蒂乌斯的著作引起广泛重视，在几个世纪内曾被欧洲军界奉为经典。他作为该书著者也因此享有盛名。

② Vegetius. Epitoma Rei Militaris [M]. Oxford：Oxford University Press, 2004：II. 8, III. 8.

③ Warren Treadgold. Byzantium and its army：284-1081 [M]. California：Stanford University Press, 1995：90.

④ Maurice's Strategikon. Handbook of Byzantine military strategy [M]. Philadelphia：University of Pennsylvania Press, 1984：18.

中记录多瑙河水师的司令长官的官阶级别是比较低的。① 在拜占庭帝国早期，国家对海军的建设不予重视，原因在于帝国沿海的防务没有必要保留一支强大的舰队，而只需要一支不大的防守部队即可，主要是建设多瑙河水师以应对北方蛮族持续不断的入侵，这支水师的规模较小，不是独立的军事单位，而是根据战事需要随时归属不同边防部队指挥。② 帝国海军比较大的发展是从汪达尔人从北非沿岸进攻地中海东西部海域以后开始的。468 年，西部军队为解除汪达尔人的骚扰，派出由 300 艘舰船组成的远征舰队，但是遭到失败。532 年，当帝国再次派出壮观的舰队向汪达尔人远征时，取得了胜利。尽管海军在查士丁尼西征的伟业中发挥了重要作用，但此时仍然没有独立的海军建制，它们仅担负战争的辅助作用，隶属于陆军总司令贝利撒留统一指挥。早期拜占庭海军主要担负运送陆军的任务，作为舰船上的海军军官只设置有舰长和驾驶员两种军衔，甚至到了利奥六世所在的 10 世纪，一艘舰船上也只有 1 名舰长和 2 名驾驶员。③

除了军团的军官和士兵，野战军和边防军的将军还在其行政中枢构建一套行政官僚体系。《君士坦丁堡职官录》中记录了将军麾下有 1 名政务官（princeps），专门负责管理军队内部的行政事务，政务官手下包括 1 名训练官（commentariensis）、2 名财务官（numerarii）、2 名事务官（scrinarii）和 2 名秘书（exceptores）。另外，东部军队的将军还拥有传令使（mensores）等事务性官员。④ 随着时间的推移，军队的行政中枢所拥有的人员越来越多，541 年，东部 5 个野战军中每支军队都拥有 300 名左

① Otto Seeck ed. Notitia Dignitatum［M］. Cambridge：Cambridge University Press，2019：58.
② 陈志强. 拜占庭帝国史［M］. 北京：商务印书馆，2018：450.
③ Leo Ⅵ，Tactica，in Patrologia Graeca［M］. Paris：Hachette Livre，1863. p. 20.
④ Otto Seeck ed. Notitia Dignitatum［M］. Cambridge：Cambridge University Press，2019：67.

右的行政人员。① 然而，在边防军中行政人员的数量比较少，当时一名边防军军官向帝国文枢院（libellis）递交请愿书，希望中央政府能够削减野战军的行政人员数量。② 根据《罗马民法大全》的记载，534 年，查士丁尼在北非建立了 5 支边防军，它们和其他地区的边防军建制和结构是一致的，每支边防军中的行政人员只有 41 人。③

宫廷禁军团（Scholae）主要负责守卫帝国行政中枢大皇宫的安全，是由骑兵组成的新的军团形式。在首都君士坦丁堡有 7 支宫廷禁军团，每支军团的人数是 500 人，因此禁军团的总人数规模为 3500 人。担任宫廷禁军团指挥的军官大概有 10 人，包括 1 名骑兵指挥（tribune）、1 名副指挥（vicarius）、1 名骑兵指挥助理（adjutant）、1 名高级百夫长（primicerius）、4 名骑兵百夫长、1 名教官（campidoctor）、1 名军需官（actuarius）等。④ 在中央政府专设禁卫军总署（Count of the Domestics），它不仅监管宫廷禁军团，而且监管那些派去执行特殊任务的、与边防军或野战军配合作战的禁军团。⑤ 禁军团的军官和士兵能享受较好的待遇和薪资，其军衔和社会地位也比其他军队的士兵要高一些，禁军团中的普通士兵至少拥有初级军

① A. H. M. Jones. The Later Roman Empire, 284 - 602: A Social, Economic, and Administrative Survey [M]. Baltimore: Johns Hopkins University Press, 1986: 680.

② A. H. M. Jones. The Later Roman Empire, 284 - 602: A Social, Economic, and Administrative Survey [M]. Baltimore: Johns Hopkins University Press, 1986: 597-598.

③ Justinian, Corpus iuris civilis II, The Civil Law [M]. trans. S. Scott. Cincinnati: University of Cintinnati Press, 1932: 34.

④ R. I. Frank. Scholae Palatinae: The Palace Guards of the Later Roman Empire [D]. University of California: Berkeley ProQuest Dissertations Publishing, 1965: 52-58.

⑤ R. I. Frank. Scholae Palatinae: The Palace Guards of the Later Roman Empire [D]. University of California: Berkeley ProQuest Dissertations Publishing, 1965: 81-97.

衔（circitor），在退役后，回乡可以做一名乡绅。①

由于宫廷禁军团经常被用来执行国内民政事务，长此以往就使它们逐渐丧失了战斗力，除了专门负责保卫皇帝安全的第一禁军团（the First Schola）还保持较强战斗力外，其他六个禁军团的战斗力都出现不同程度的下降。然而，自从利奥一世（Leo Ⅰ，457—474 年）改革禁军以后，第一禁军团也衰落了，利奥一世组建新的宫廷卫队（Excubitors），设立宫廷卫队长官，每支宫廷卫队人数削减为 300 人，而且不完全由骑兵构成，也包括一定数量的步兵。宫廷卫队长官下辖 10 名十人队长（scribones），每名十人队长手下拥有 30 名士兵。② 由于有了宫廷卫队，宫廷禁军团逐渐衰落，到泽诺皇帝（Zeno，474—491 年在位）统治时期，宫廷禁军团只承担基本的检阅和礼仪职能。查士丁尼统治时期，他将宫廷禁军团两千余职位公开出售，解雇了新招募的士兵，还停止向原属宫廷禁军团的 3500 余名士兵付薪。在这一时期，中央政府从宫廷禁军团所获得的利益远比付出的多。此时宫廷禁军团仅是摆设性的，其职能逐渐被宫廷卫队所取代。③

4—6 世纪中期，拜占庭帝国的军队总体规模基本保持不变，但骑兵在军队中的比例呈现显著的增长趋势，这与当时帝国所面临的战争态势密切相关。从 4 世纪开始，帝国面对的敌人主要是匈奴人、哥特人、波斯人、阿瓦尔人等，他们都是以骑兵为作战主体的民族，因此拜占庭帝国不能采

① R. I. Frank. Scholae Palatinae：The Palace Guards of the Later Roman Empire ［D］. University of California：Berkeley ProQuest Dissertations Publishing，1965：56.
A. H. M. Jones. The Later Roman Empire，284 - 602：A Social，Economic，and Administrative Survey ［M］. Baltimore：Johns Hopkins University Press，1986：647.
② A. H. M. Jones. The Later Roman Empire，284 - 602：A Social，Economic，and Administrative Survey ［M］. Baltimore：Johns Hopkins University Press，1986：658-659.
③ R. I. Frank. Scholae Palatinae：The Palace Guards of the Later Roman Empire ［D］. University of California：Berkeley ProQuest Dissertations Publishing，1965：201-219.

取传统的罗马军团作战方式，必须逐步调整为灵活机动、杀伤力较强的骑兵军团，随之带来的变化就是新军团的结构更精简，指挥更直接，莫里斯皇帝继承下来的就是以上这些改革遗产，并在此基础上继续推进改革。

第二节　莫里斯改革军团结构

到了 6 世纪晚期，军队结构发生了巨大变化。莫里斯在军队结构方面推行了大胆改革，主要是缩减军团的规模，细化层级结构，以便适应以骑兵作战的新的战争形势，同时也是基于国内人力和财力状况做出的合理调整。莫里斯改革的内容主要被同时期重要的军事文献《莫里斯的战略》所记录，笔者试图结合《历史》和《莫里斯的战略》两部文献对莫里斯推行的军团结构改革做一大致分析。

正如上文所提及，《莫里斯的战略》描述当时的军团结构时提到了大队指挥、百夫长和十人队长三个军衔，他们不再用原来的名称——tribune、centurions 和 decurions，而是分别用新的名称——counts、hecatontarchs 和 decarchs①，这表明帝国的官方语言逐渐从拉丁语转化成希腊语，这一转型趋势从 6 世纪中后期即已开始，到伊拉克略时代最终将希腊语作为帝国官方和民众的通用语言，这标志着早期拜占庭或晚期罗马时代行将结束，以希腊因素为主导的拜占庭文化开始确立。《莫里斯的战略》具体记载了每名百夫长统领 100 名士兵，十人队长统领 10 名士兵，该文献还提到了 6 世纪末期军队中出现的一些新官职五人队长（pentarchs）和四人队长

---

① Maurice's Strategikon. Handbook of Byzantine military strategy［M］. Philadelphia：University of Pennsylvania Press，1984：18.

(tetrarchs)，后者主要配备于殿后部队中。① 这些专业术语的字面含义与军衔实际所统领的人数是一致的，即十人队长统领包括他自己在内的 10 名士兵，五人队长统领包括他自己在内的 5 名士兵，四人队长则统领包括他自己在内的 4 名士兵。《莫里斯的战略》中描绘的作战阵形示意图也证明了上述军团结构的准确性，依据阵形示意图，一个军团下辖 3 名百夫长，每名百夫长统领 100 名士兵，分成 10 列和 10 行，在作战的阵形中，百夫长所处的位置是左前或右前第一个，每一列有一名十人队长，位于列的第一个，五人队长位于每一列的第二个，四人队长位于每一列的最后一个。②

除此以外，《莫里斯的战略》还使用新的名词 bandon 来取代原来的军团称呼——regiment 或 legion，这个词来源于日耳曼语，它的原意是召集士兵集合的旗帜或横幅。这种作战单位用希腊语称为 tagma，意为队形、队列，拉丁语是 numerus。为了区分与原有军团的称呼，也由于 bandon 的规模比原来的军团要小得多，笔者将 bandon 这一新的军事结构称为"营团"。《莫里斯的战略》强调每一营团由一名营长（count）指挥，包括的士兵数量在 300~400 人，这也是为了不让敌人弄清己方军队的规模，在具体的作战过程中，营团的数目及其士兵的数量通常都不固定，在 300~400 人随意调整。《莫里斯的战略》为我们描述了一支 310 人规模的营团编制样本，除了 3 名百夫长统领的 300 名士兵外，还包括营长、旗手、勤务兵和号兵等军阶。由若干个营团组成旅（chilias），旅的人数规模在 2000~3000 人，再由 2~3 个旅组成师（moria），其规模在 6000~7000 人，但一

---

① Maurice's Strategikon. Handbook of Byzantine military strategy［M］. Philadelphia：University of Pennsylvania Press，1984：I. 3，15.
② Maurice's Strategikon. Handbook of Byzantine military strategy［M］. Philadelphia：University of Pennsylvania Press，1984：Ⅲ.1-4，35-37.

般情况下师的平均规模在 5000 人左右。① 在战场上使用的阵形和队列可以依据实际情况随时调整，《莫里斯的战略》的作者在记述军队训练时使用不同的阵形编排，有时甚至将骑兵和步兵混合在一个阵形当中训练，队列也从 2~16 行不等。根据《莫里斯的战略》，营团的标准人数是 500 人，减去 100~300 人的非战斗人员，剩下的战斗人员编制就是 200~400 人。

根据《莫里斯的战略》中的规定，每名百夫长统领 100 名士兵，而不是 4 世纪的 80 人或 120 人，十人队长统领 10 人，而不是此前的 8 人或 30 人，新设五人队长和四人队长，这与传统的军事结构迥然不同，十人队长（decarchs）这个军衔所统领的人数从最初的 8 人，到宫廷卫队时（Excubitors）的 30 人，再到莫里斯时期的 10 人，这表明十人队的规模又回归到合理的区间。② 在 6 世纪末的莫里斯统治时期，无论在边防军还是野战军中，也无论是骑兵还是步兵，都设有百夫长、十人队长等军阶，他们所统领的士兵人数大体都是标准的。此时，一个野战军的人数标准为 5000 人，③ 这与《莫里斯的战略》所记载的师（moria）的规模大体相当。

莫里斯皇帝确定以 310 人为标准的营团作为战斗的基本单位，这有利于依据战争形势随时变换不同的阵形，并随时与其他兵种的营团混合编排，加强野战部队的机动灵活性。莫里斯在其所著的军事指导手册中为营团规定的军衔编制如下：营长（tribune）1 人，副营长（vicarius）1 人，副官（primicerius）1 人，秘书（adjutor）1 人，百夫长（centurions）3 人，教

---

① Maurice's Strategikon. Handbook of Byzantine military strategy [M]. Philadelphia: University of Pennsylvania Press, 1984: I. 4, III. 2-4.

② John Haldon. Byzantine Praetorians: An Administrative, Institutional and Social Survey of the Opsikion and Tagmata, 580-900 [M]. Bonn: R. Habelt, 1984: 139.

③ Warren Treadgold. Byzantium and its army: 284-1081 [M]. California: Stanford University Press, 1995: 95.

官（campidoctor）1人，军需官（actuarius）1人，代理百夫长（optio）1人，军医（surgeon）1人，传令官（heralds）2人，旗手（draconarii）2人，勤务兵（cape bearer）1人，号兵（trumpeter）1人，鼓手（drummer）1人，十人队长（decurions）30人，五人队长（pentarchs）30人，四人队长（terarchs）30人，普通士兵200人。① 这其中还不包括仆役人员，《莫里斯的战略》建议骑兵应配备仆役，由骑兵自己供养，但由于骑兵本身的薪俸不高，他们更愿意三四名骑兵来共同雇佣一名仆役。② 这是莫里斯时期野战军"罗马军团"的主要编制。此外，莫里斯还在军队中建立以骑兵和矛手步兵为主的后备军团，他们中的大部分士兵来自日耳曼部落和伊利里亚山民。他们尚武剽悍，战斗力极强，常常在两军对阵的关键时刻决定胜负。在当时称这种后备军团为"同盟军团"（Federates），根据《莫里斯的战略》记载，同盟军团以骑兵为主，配备有少量的矛手步兵，人数至少有15000人，有3个师的配备，在战争中经常充当机动部队，给敌人以出其不意的致命攻击。③ 此外还有禁卫军团（Optimates），是精锐的骑兵部队，负责保卫皇帝的安全，其军衔在所有的军团中是最高的，其规模至少有1000人，但少于5000人。无论是同盟军团还是禁卫军团，其军阶编制都比"罗马军团"要简单。

根据《莫里斯的战略》记载，当时的军队主要是由帝国臣民构成，招募征兵变得日益频繁，特别是在新征服的亚美尼亚地区具有好战传统的居

---

① Maurice's Strategikon. Handbook of Byzantine military strategy ［M］. Philadelphia：University of Pennsylvania Press，1984：Ⅲ.9-10.

② Maurice's Strategikon. Handbook of Byzantine military strategy ［M］. Philadelphia：University of Pennsylvania Press，1984：Ⅰ.2.

③ Maurice's Strategikon. Handbook of Byzantine military strategy ［M］. Philadelphia：University of Pennsylvania Press，1984：Ⅰ.2，Ⅱ.6，Ⅱ.11，Ⅲ.6.

民中大量征兵，这在记述莫里斯时期历史的重要文献西摩卡塔的《历史》中也得到印证，大量的征兵还导致亚美尼亚人爆发了一次起义。① 另外，根据《莫里斯的战略》，莫里斯还在帝国境内推行"全民兵役制"改革，即强制性要求所有年龄在 40 岁以下的成年人必须参军，履行保家卫国的义务。② 根据西摩卡塔《历史》的记载："即使是神职人员也被抓去充军，连专门负责招募士兵的宫廷卫队军官也承认招募士兵的过程是十分艰难的，他们将年轻人从父母手中夺走，将老百姓的牲畜随意牵走，这无疑受到人们的巨大抵制。"③ 查士丁尼的后继者遇到的共同问题是帝国财政状况恶化和"蛮族"入侵多瑙河前线，使他们很难招募到雇佣兵，因此莫里斯制定"全民兵役制"的政策显然是为了缓解兵员短缺的问题。由于财政状况不佳和兵员短缺，同时也为了提高军队的机动灵活性，莫里斯将军团的规模缩小，将层级细化，建立"营团"编制，增加五人队、四人队这样的军衔编制，可以使军事指挥更有效，进而提高单兵种作战和多兵种协同作战的能力。

---

① Theophylact Simocatt. History [M]. Oxford: Oxford University Press, 1986: Ⅲ. 8. 4-8.

② Maurice's Strategikon. Handbook of Byzantine military strategy [M]. Philadelphia: University of Pennsylvania Press, 1984: I. 8.

③ Theophylact Simocatt. History [M]. Oxford: Oxford University Press, 1986: Ⅱ. 15. 13.

第五章

莫里斯政治与军事改革的历史影响

　　莫里斯统治时期所推行的改革主要有三个方面：推行总督制改革、确立纵深防御战略和改革军团结构。关于莫里斯的改革对当时的影响，笔者试做如下分析。莫里斯在位期间，帝国东、西方领土受到外敌入侵的威胁同等严重，但由于国家人力和财力资源的限制，莫里斯深深地明白不能同时在东部和巴尔干地区两线作战，因此必须确保一方和平的情况下，集中优势资源向另一方进行阻遏性反攻。然而，在591年之前，帝国主要的军事战略重心放在东部前线，投入了大量的机动野战兵力，拜占庭帝国与波斯帝国实力相当，在591年之前争夺亚美尼亚和美索不达米亚的战争中，双方围绕一城一池的争夺互有胜负，任何一方都无法战胜另一方，双方军队在边境地区展开你争我夺的拉锯战。莫里斯将主要兵力投入东部战线给巴尔干半岛的防卫带来了不利影响，薄弱的边防军无法阻止斯拉夫人和阿瓦尔人在各个地区分散式的突击进攻，若此时莫里斯抽调东部军队支援巴尔干地区，则会面临波斯人大反扑的巨大风险。就在莫里斯一筹莫展的时候，波斯内战导致的嗣君科斯罗伊斯二世的逃亡和复位给了拜占庭人恢复东部和平的一个绝佳机会。莫里斯运用外交和军事手段扶助科斯罗伊斯二世恢复王位，这一举措奠定了两国此后30年和平交往的基础，双方缔结友好，在莫里斯统治期间波斯人不再向西扩张，且向拜占庭帝国归还了部分争议领土。591 年后，莫里斯抽调大部分东部军队前往巴尔干地区支援，尽管此时斯拉夫人在巴尔干半岛西部和南部已经蜂拥侵入并开始定居下来，但莫里斯仍采取重大的反攻性军事行动，通过几次进攻性行动使阿瓦尔人不敢贸然南下，而莫里斯此时计划进攻多瑙河以北的斯拉夫人老巢，希望这一举措能够使部分进攻巴尔干西部和南部的斯拉夫人迅速撤回。

　　莫里斯选择制定这一策略是合理的，但他对士兵因长期作战的疲乏心态估计不足。一方面，他命令军队冬季渡过多瑙河北岸作战；另一方面，他在军队内部实行的军饷分配改革引起了士兵们的震动，此后便爆发了军队叛乱，导致莫里斯政权的覆灭。尽管莫里斯没有能够彻底清剿多瑙河北岸的斯拉夫人老巢，但对蛮族形成巨大的威慑力，在 593—598 年拜占庭帝国逐步恢复了在巴尔干半岛的权威，这些成就得益于莫里斯运用了合理的战略，制定了军事改革的措施，使军队的战斗力得以提升；尤其是军事改革极为重要，改革军团结构使以骑兵作战为主的军团更加灵活，且训练方法和军事行动极具针对性，对斯拉夫人采取伏击作战，对阿瓦尔人则采取以军团方阵为主体的大规模会战。确定纵深防御战略使野战部队和边防部队有了合理而明确的分工，在遏制住蛮族的第一轮进攻势头后，莫里斯命令野战部队对斯拉夫人进行反攻，并将拜占庭控制的范围一步步向多瑙河沿岸推进，使多瑙河的边防得到巩固。但同时我们也需要看到，6—7 世纪是斯拉夫人侵袭巴尔干半岛进而定居在这片土地上的历史时期，斯拉夫人的迁徙带着为了寻求生存之地的原动力，他们的行动是自发的和长期的。由于国家实力的不足，拜占庭帝国已无力阻挡蜂拥南下的斯拉夫人，拜占庭人能做的就是向这些蛮族传播文明、播撒信仰，定居下来的斯拉夫人也乐于接受以农耕为主的生产生活方式，并开始与拜占庭人展开碰撞、交流和融合的文明交往进程。斯拉夫人最终在伊拉克略王朝时代完成了定居巴尔干半岛的过程，他们占据了巴尔干半岛北部、中部和部分南部地区，大部分斯拉夫人作为拜占庭帝国多民族中的一个民族，在拜占庭体制内活动。此后拜占庭帝国在斯拉夫臣民中逐渐推行拜占庭化过程，直到11世纪最终完成。

以长时段的历史视角来考察，莫里斯的改革处在早期拜占庭大变革时期的关键一环，具有承前启后的作用，所谓的"承前"即每一个改革方案都借鉴和吸收了前代有益的改革成果，并结合了莫里斯时代本身由客观环境所决定的要素；所谓的"启后"即莫里斯时期的改革对以后的时代影响深远，为以后的改革者提供了有益的借鉴，尤其是伊拉克略时期的改革很多方面都是从莫里斯的改革中获得启发和借鉴而来。而体现莫里斯改革意图的军事指导手册《莫里斯的战略》对后世的影响也颇大，书中记载的军事训练方法与战略战术一直在拜占庭基层军队中得到广泛使用，直到10世纪随着战争形势的变化利奥六世才创作《战术》以对其补充，它是拜占庭历史上杰出的兵书，影响了以后许多世纪的军事思想，被奉为军事艺术的瑰宝之一。莫里斯推行的改革为伊拉克略制定改革方略奠定了重要的基础，从某种意义上来说，伊拉克略推行的军区制改革是对莫里斯改革的借鉴与发展。这种借鉴和发展主要体现在以下四个层面。

首先，从管理体制上来说，军区制所实行的将军军政权力合一的制度来源于莫里斯推行的总督制改革。总督制的特征首倡军政权力合一，其权力由总督区首脑"总督"控制，这种管理形式有利于总督的一元化领导，使总督在外敌入侵的前沿地区能统一指挥，便于应付战时的紧急军务。而在伊拉克略出生的迦太基，其本身就是总督区，他上台之后推行的军区制改革肯定受到总督制管理的影响，更何况他首先试推行的军区都集中在边关吃紧的东部前线，这与总督制的设立前提是一致的。由于受到总督制的启发，伊拉克略在军区内设立军区首脑"将军"，实行军政权力合一的体制。虽然军区制继承了总督制的"核心"，但在总督制的基础上有所发展：其一，在军区内，管理机构采取战时体制，军政权力由将军控制，军区各级权力机构也按军事建制设立，行政权力附属于军事系统，而在总督制下，虽然总督总揽军政权力，但总督区下辖的各级军事系统和行政系统是相对独立的；其二，军区制改革包括以田代饷，建立军役地产，这一举措推动了农兵阶层的形成，为中期拜占庭的稳定和繁荣奠定了坚实的基础，而总督制下的军队主要由职业军人组成①，其改革内容上并不包括社会经济层面的措施，自然对国家的长远影响不及军区制。

其次，从防御形态上来说，伊拉克略的军区制改革体现的同样是莫里斯时期纵深防御战略的基本原则，只不过由于兵力和财力的有限，莫里斯时期的纵深防御战略只是呈现点状或带状分布，到了伊拉克略时代，帝国面临的局面更复杂，敌人更强大，特别是阿拉伯势力的崛起使帝国的军事战略不得不扩展为更纵深的全局防御，甚至是以国家整体作为边疆，加强内地的军事存在才能够保持战略的平衡。设立军区的目的是保持一种区域性的高度戒备。拜占庭军区数量不断增加，一方面说明边疆威胁不断增强，外敌入侵造成的全国整体的防御压力不断提高；另一方面与中央通过削减军区的规模、增加军区数量来防止军阀割据和军队叛乱有关。除此以外，此时拜占庭帝国的有效抵抗更多的是依靠每个军区的自我抵抗能力和相邻军区的协同作战能力，军事的中心已由中央转为地方。以前主要由中央控制的野战部队也逐渐被分配在军区内部管辖，每个军区都是把有限的

---

① 陈志强. 拜占庭学研究 [M]. 北京：人民出版社，2001：53.

野战部队、边防部队和民兵部队结合起来进行联合防御。

再次，从军事等级编制来看，伊拉克略着手构建的军区制需要重建军区内部组织系统，理顺军事等级关系。确立营团（bandon）—师（moria）—军区（theme）的军事序列，一般来说，军区由 2~4 个师组成，师由 5~7 个营团组成，营团单位依据不同兵种人数又有区别，若为骑兵，则人数在 50~100 人，若为步兵，人数在 200~400 人。据此推算，人数最多的师级单位大约有 3000 人。① 通过比较莫里斯和伊拉克略时期的军事序列，笔者发现伊拉克略沿袭了莫里斯时期以营团为核心的基层作战单位编制，且人数也大致相同，都在 200~400 人。不过伊拉克略撤销了"旅"（chilias）一级的军事编制，直接由"师"来管辖"营团"，这更有利于垂直管理，增强了营团作战的机动灵活性。师级单位的人数在伊拉克略时期有较大幅度的下降，莫里斯时期的师级单位人数平均在 5000 人左右，而伊拉克略时期人数最多的师级单位也只有 3000 人左右，这与 6 世纪末和 7 世纪前半期的边疆危机使拜占庭军队遭到一连串失败后东部军事力量有 1/7 被损毁有关。

最后，伊拉克略从莫里斯推行的不成功的军饷改革中吸取经验教训，以田代饷，建立军役地产，促进农兵阶层的形成，并且确定军队内部军官的收入等级，明确各级军官的责权利关系，这一举措既提高了军队战斗力，也缓解了中央政府财力不足的压力。莫里斯时期帝国出于财政困难企图取消津贴的做法引起了军队的叛乱，成为推翻莫里斯政权的导火索之一。因此，建立在以田代饷和军役地产基础上的军区制改革极大地解决了

① 陈志强. 拜占庭帝国史 [M]. 北京：商务印书馆，2019：177. （J. Haldon. Byzantine Praetorians. An administrative, institutional and social survey of the Opsikion and Tagnata [M]. Bonn, R. Habelt, 1984：172，176.）

帝国的财政困难，同时农兵阶层的形成也解决了帝国人力资源短缺、兵源枯竭的困难。

伊拉克略时代标志着中期拜占庭帝国的开启，历时 3 个多世纪的早期拜占庭的过渡和转型时代宣告结束，这一新时代的开启得益于伊拉克略在任时期推行的改革，其中尤以军区制改革为重，但同时也须看到，历史的转型和演化是漫长的，新时代的开启离不开此前数百年来历任统治者的改革方略，更离不开社会层面缓慢且持久的内部变化，如基督教会在基层社会的影响和希腊语被逐渐确立为帝国官方语言等，这都是源于社会层面的缓慢变迁。

莫里斯的改革是处在早期拜占庭大变革时期的关键一环，具有承前启后的作用，所谓的"承前"即每个改革方案都借鉴和吸收了前代有益的改革成果，并结合了莫里斯时期本身由客观环境所决定的要素；所谓"启后"即莫里斯时期的改革对以后的时代影响深远，为以后的改革者提供了有益的借鉴，尤其是伊拉克略时期的改革很多方面都是从莫里斯的改革中获得启发和借鉴而来。莫里斯推行的改革为伊拉克略制定改革方略奠定了重要的基础，从某种意义上来说，伊拉克略推行的军区制改革主要是对莫里斯改革的有益借鉴与发展。莫里斯统治结束之后不过 20 年，即进入伊拉克略统治时代；而伊拉克略时代标志着中期拜占庭时代的开启，历时 3 个多世纪的早期拜占庭的过渡和转型时代宣告结束，这一新时代的开启得益于伊拉克略在任时期推行的改革，其中尤以军区制改革为重。但同时也须看到，历史的转型和演化是漫长的，新时代的开启离不开此前数百年来历任统治者的改革方略，更离不开社会层面缓慢且持久的内部变化。自此以后，中期拜占庭帝国建立在更加稳固和扎实的基础上，不以开疆拓土、重建罗马帝国为理想，而是以现有的领土为核心守卫重点，对外通过建立军区制来抵御敌人的入侵，对内则继续推行加强中央集权、促进国内工商业发展的举措，这些措施使中期拜占庭帝国日趋安定和繁荣，国力逐渐强大，在马其顿王朝时期，国家达到了繁盛的顶峰，被誉为"拜占庭帝国的黄金时代"。

参考文献

一、中文文献

1. 著作

［1］陈志强．拜占庭学研究［M］．北京：人民出版社，2001.

［2］陈志强．拜占庭帝国史［M］．北京：商务印书馆，2018.

［3］徐家玲．早期拜占庭和查士丁尼时代［M］．吉林：东北师范大学出版社，1998.

［4］徐家玲．拜占庭文明［M］．北京：人民出版社，2006.

［5］钮先钟．西方战略思想史［M］．桂林：广西师范大学出版社，2003.

［6］崔艳红．古战争——拜占庭历史学家普罗柯比《战记》研究［M］．北京：时事出版社，2006.

［7］叶民．最后的古典：阿米安和他笔下的晚期罗马帝国［M］．天津：天津人民出版社，2004.

［8］张绪山．中国与拜占庭帝国关系研究［M］．北京：中华书局，2012.

2. 译著

［1］奥斯特洛格尔斯基. 拜占庭帝国［M］. 陈志强，译. 西宁：青海人民出版社，2006.

［2］爱德华·吉本. 罗马帝国衰亡史［M］. 席代岳，译. 长春：吉林出版集团，2014.

［3］卡尔·冯·克劳塞维茨. 战争论［M］. 张蕾芳，译. 南京：译林出版社，2010.

［4］李德·哈特. 战略论：间接路线［M］. 钮先钟，译. 上海：上海人民出版社，2010.

［5］爱德华·勒特韦克. 罗马帝国的大战略［M］. 时殷弘，惠黎文，译. 北京：商务印书馆，2008.

［6］马修·贝内特，吉姆·布拉德伯里，凯利·德弗里斯，等. 图解世界战争战法之中世纪卷［M］. 徐淼，译. 银川：宁夏人民出版社，2008.

［7］利奥六世. 战术［M］. 李达，译. 北京：台海出版社，2018.

［8］佩里·安德森. 从古代到封建主义的过渡［M］. 郭方，刘健，译. 上海：上海人民出版社，2000.

［9］N. H. 拜尼斯. 拜占庭：东罗马文明概论［M］. 陈志强，郑玮，孙鹏，译. 郑州：大象出版社，2012.

［10］亨利·皮朗. 中世纪欧洲经济社会史［M］. 乐文，译. 上海：上海人民出版社，2001.

［11］沃伦·特里高德. 拜占庭简史［M］. 崔艳红，译. 上海：上海人民出版社，2008.

［12］J. W. 汤普森. 中世纪经济社会史［M］. 耿淡如，译. 北京：

商务印书馆，1963.

[13] 普罗柯比. 秘史 [M]. 吴舒屏，吕丽蓉，译. 陈志强，审校注释. 上海：三联书店，2007.

[14] 罗伯特·福西耶. 剑桥插图中世纪史（350—950 年）[M]. 陈志强，崔艳红，郭云艳，等译. 济南：山东画报出版社，2006.

二、英文文献

1. 著作

[1] BURY J B. A History of the Later Roman Empire from the Death of Theodosius I to the Death of Justinian [M]. New York：St. Martin's Press，1958.

[2] VASILIEV A A. History of the Byzantine empire：VOL. 1, 324–1453 [M]. Madison：University of Wisconsin Press，1952.

[3] MAURICE. Maurice's Strategikon：Handbook of Byzantine military strategy [M]. trans. by George T. Dennis. Philadelphia：University of Pennsylvania Press，1984.

[4] MARCELLINUS A. The Roman History of Ammianus Marcellinus, During the Reighs of Emperor's Constantius, Julian, Jovianus, Valentinianm and Valens [M]. trans. by C. Young. New South Wale：Wentworth Press，2019.

[5] PROCOPIUS. History of the Wars [M]. trans. by H. B. Dewing. Boston：University of Harvard Press，1996.

[6] PROCOPIUS. De Aedificiis or The Buildings [M] //The Loeb Classical Library. Boston：University of Harvard Press，1996.

[7] PROCOPIUS. Anecdota or Secret History [M] //The Loeb Classical Library. Boston: University of Harvard Press, 1996.

[8] AGATHIAS. The Histories [M] . trans. by Joseph D. Frendo. Berlin And NewYork: Corpus fontium historiae Byzantinae, 1975.

[9] THEOPHANES. Fragmenta Historicorum Greacorum IV [M] . ed. by C. Muller. Cambridge: University of Cambridge Press, 2010.

[10] PROTECTOR M. The History of Menander the Guardsman [M] . trans. by Roger C. Blockley. Liverpool: Liverpool University Press, 1985.

[11] EPHESUS J. The Third Part of the Ecclesiastical History of John, bishop of Ephesus [M]. Oxford: University of Oxford Press, 1860.

[12] SCHOLASTIKOS E. Ecclesiastical History [M] . ed. by J. Bidez and L. Parmentier. Oxford: University of Oxford Press, 1860.

[13] GREGORY P. Registrum Epistolarum [M] . ed. by P. Ewald and L. Hartmann. Berlin: Nabu Press, 1899.

[14] JONES A H M. The Later Roman Empire 284 - 602 [M]. Baltimore: University of Johns Hopkins Press, 1896.

[15] DIEHL C. Byzangtium: Greatness and Decline [M]. trans. by Naomi Walford. New Jersey: University of Rutgers Press, 1957.

[16] DIEHL C. L'Afrique byzantine: histoire de la domination byzantine en Afrique (533-709) [M]. Berkeley: University of California, 1896.

[17] GOUBERT P. Byzance avant l'Islam [M]. Paris: Hachette Livre, 1951.

[18] HIGGINS M J. The Persian war of the emperor Maurice (582 -

602）, the chronology, with a brief history of the Persian calendar ［M］. Washington: University of America Press, 1939.

［19］TURTLEDOVE H N. The immediate successors of Justinian: a study of the Persian problem and of continuity and change in internal secular affairs in the later Roman empire during the reigns of Justin Ⅱ and Tiberius Ⅱ Constantine ［M］. Los Angeles: Los AngelesProQuest Dissertations Publishing, 1977.

［20］JANIN R, ed. Syriac Hagiography ［M］. Cambridge: Cambridge University Press, 1964.

［21］GRAMMATICUS L. Chronographia ［M］. ed. by E. Bekker. Bonn: CSHB, 1842.

［22］SIMOCATTA T. History ［M］. trans. by Michael Whitby. Oxford: University of Oxford Press, 1986.

［23］PREGER T, ed. Patria Constantinopoleos ［M］. Leipzig: Teubner Press, 1907.

［24］DODGEON M, LIEU S N C. The Roman Eastern Frontier and the Persian Wars, 226-363 ［M］. London: Routledge, 1991.

［25］CONFESSOR T. The Chronicle of Theophanes Confessor, Byzantine and Near Eastern History AD284 - 813 ［M］. Oxford: University of Oxford Press, 1997.

［26］ANON. Chronicon Paschale AD284-628 AD ［M］. trans. by Michael Whitby. Liverpool: University of Liverpool Press, 1989.

［27］NIKIU J O. The Chronicle of John, Bishop of Nikiu ［M］. Oxford: University of Oxford Press, 1916.

［28］HEINZELMANN M. Gregory of Tours: history and society in the sixth century [M]. Cambridge: Cambridge University Press, 2001.

[29] SYRIAN M T. Chronicle of the Michael the Syrian (1166–1199) [M]. trans. by Chabot. Cambridge: Cambridge University Press, 1960.

[30] HODGKIN T. Italy and her Invaders [M]. Oxford: Clarendon Press, 1988.

[31] DEACON P T. History of the Lombards [M]. Philadelphia: University of Pennsylvania Press, 2001.

[32] BARKER J W. Justinian and the Later Roman Empire [M]. Madsion: The University of Wisconsin Press, 1971.

[33] CAMERON A M. Agathias [M]. Cambridge: University of Cambridge Press, 2012.

[34] CAMERON A M. The Mediterranean World in Late Antiquity AD 395–600 [M]. London and New York: Routledge, 1993.

[35] CAMERON A M. Images of Authority: Elites and Icons in Late Sixth-Century Byzantium [M]. Oxford: University of Oxford Press, 1979.

[36] HENDY M F. Studies in the Byzantine Monetary Economy c. 300–1450 [M]. Cambridge: University of Cambridge Press, 1985.

[37] DAWES E, BAYNES N H. Three Byzantine Saints: Contemporary Biographies translated from the Greek [M]. Cambridge: University of Cambridge Press, 1949.

[38] RICHARDS J. Consul of God [M]. London: HarperCollins Publishers Ltd, 1980.

[39] BARKER J W. Justinian and the Later Roman Empire [M]. Madison: University of Wisconsin Press, 1966.

[40] JUSTINIAN. Corpus iuris civilis, The Civil Law [M] . trans. by S. Scott. Cincinnati: University of Cincinnati Press, 1932.

[41] JUSTINIAN. The Novels of Justinian [M] . trans. by Mommsen and Krueger. Philadelhia: University of Pennsylvania Press, 1985.

[42] ANONYMOUS. Three Byzantine Military Treatises [M]. trans. and notes by George T. Dennis. Washington, D. C: Dumbarton Oaks Research Library and Collection, 1985.

[43] CONANT J P. Staying Roman: Vandals, Moors, and Byzantines in Late Antique North Africa, 400 – 700 [M]. Boston: University of Harvard Press, 2004.

[44] BELLINGER A R, GRIERSON P, ed. Catalogue of Byzantine Coins in the Dumbarton Oaks Collection and in the Whittemore Collection [M]. Washington: University of Washington Press, 1966.

[45] GAT A. The Origins of Military Thought: From the Enlightenment to Clauseuit [M]. Clarendon: Clarendon Press, 1991.

[46] LUTTWAK E N. Strategy: The Logic of War and Peace [M]. Massachusetts: Belknap Press of Harvard University Press, 1987.

[47] LEO V I. Tactica, in Patrologia Graeca [M] . Paris: Hachette Livre, 1863.

[48] ZOSIMOS. The History of Count Zosimus, Sometime Advocate and Chancellor of the Roman Empire [M] . Memphis: General Books LLC, 2010.

[49] KAEGI W E. Byzantine military unrest: 471 – 843 [M] . Amsterdam: Amsterdam University Press, 1981.

[50] TREADGOLD W. Byzantine and Its Army, 284–1081 [M] . Palo

Alto: University of Stanford Press, 1998.

[51] HALDON J. The Byzantine wars: Battles and campaigns of the Byzantine era [M]. Clarleston: University of Clarleston Press, 2000.

[52] HALDON J. Warfare, State and society in the Byzantine world, 565-1204 [M]. London: University of College London Press, 1999.

[53] EPHESUS J. The Third Part of the Ecclesiastical History of John, bishop of Ephesus [M]. trans. by R. Payne Smith. Oxford: Oxford University Press, 1860.

[54] NICOLLE D. Romano-Byzantine Armies: 4 th-9 th Centuries [M]. Oxford: Osprey Publishing Ltd, 1992.

[55] OBOLENSKY D. The Byzantine Commonwealth, Eastern Europe 500-1453 [M]. London: University of London Press, 1971.

2. 期刊

[1] JONES D. Pay and Numbers in Diocletian's Army [J]. Chiron, 1978.

[2] AYNES N H B. The Literary Construction of the History of Theophylactus Simocatta [J]. Athens, 1912.

[3] ENSSLIN W. Mauricius [J]. Byzantion, 1966.

[4] CAMERON A M. Early Byzantine Kaiserkritik: Two Case Histories [J]. Byzantine and Modern Greek Studies, 1977.

[5] ALLEN P. Evagrius Scholasticus the Church Historian [J]. Spicilegium Sacrum Lovaniense, 1981.

[6] GOFFART W. Byzantine Policy in the West under Tiberius II and

Maurice: The Pretenders Hermenegild and Gundovald (579 – 585) [J]. Traditio, 1957.

[7] HALDON J F. Recruitment and Conscription in the Byzantine Army c. 550 – 950: A Study on the Origins of the Stratiotika Ktemata [J] . Vienna, 1979.

[8] JONESA H M. The Constitutional Position of Odovacer and Theodorich [J] . Journal of Roman Studies, 1965.

[9] ALLEN P. Evagrius Scholasticus the Church Historian [J]. Spicilegium sacrum Lovaniense, 1981.

附 录

西摩卡塔《历史》的翻译（节译）

1887 年由德国学者卡尔·博尔（Carl de Boor）出版了《历史》的拉丁语与德语对照版本，收入《拓伊卜纳希腊拉丁古典著作文库》。1972 年由彼得·瑞思（Peter Wirth）再次修订此版本，由于其翻译准确、注释完整，流传较为广泛。怀特比所做的英译本正是来源于彼得·瑞思的拉丁文和德文对照版本，怀特比的版本翻译质量上乘，文笔清新自然，附有大量的注释，在译注过程中，他不仅考订文本，还对西摩卡塔记载史实的错误多有修正，进一步提升了该文献的史料价值。

笔者在翻译的过程中，以英文文本为主要依据，此外还参照该文献的希腊语与拉丁语对照本，以求译文更加准确。此希腊语与拉丁语对照本为 1828 年德国学者雅各布斯·帕特努斯（Jacobus Pontanus）所作，后在 1834 年由德国学者贝克（Immanuel Bekker）整理收入"波恩拜占庭历史作品大全"，这套丛书采用希腊文与拉丁文对照的方式，附带精简的德文注释，具有完整、精确和使用方便等特点。译文中带有斜体的部分为引用的拉丁文，笔者对于拜占庭的人名、地名、官职名的标注与翻译上参照了此拉丁文与希腊文对照文本。

（Theophylactus Simocatta, *Historiam Libri Octo*, trans. by Immanuel Bekker, Bonnae Corpus Scriptorum Historiae Byzantinae, 1834.）

本译文所依据的《历史》的英译本共有 8 卷（本书节选其中的两卷进行翻译），以 "Book One" "Book Two" 等作为每一 "卷" 的标识，以 "（1）" "（2）" 等作为每一卷下 "章" 的序号，以 "（1.1）" "（2.1）" 等作为每一章下 "节" 的序号。本中文译本力求紧扣原文，在编号上与英文译本保持一致。其中 "卷" 以 "第一卷" "第二卷" 等作为标识，"章" 以 "（1）" "（2）" 等作为标识，"节" 以 "（1.1）" "（2.1）" 等作为标识。在脚注中，引用的《历史》英文本以拉丁文数字 "ⅰ" "ⅱ" 等作为每一卷的编号，以阿拉伯数字作为 "章" 和 "节" 的编号。例如，"ⅷ.7.10" 表示 "第八卷第 7 章第 10 节"。

序言：对话

对话中的人物角色：哲学和历史，哲学先说话。

（1）哲学：这是什么，女儿？现在过来帮我解决一下我所出现的困境，因为我是如此热切渴望学习，希望获得的智慧像线团穿过迷宫那样引领我前进。我发现研究的起步是非常难的。

（2）历史：我的（哲学）女王陛下，如果您乐于向我征求意见，我将给出我对这个问题的理解，对于未知事物我将尽可能保持公正的理解，在这一点上我与昔兰尼人（Cyrenian）卡利马科斯（Callimachus）的意见一致。

（3）哲学：我乐意向你发问，你是通过什么方法使自己仅过了一天就死而复生？心中存有的疑惑使我们不再侃侃而谈，好像有一副缰绳勒住我们，使我们保持安静，唯恐突如其来的奇观会使我们着迷。

（4）我的孩子，在你离世的这段时间，卡利顿城市的（Calydonian）暴君进入了王宫，野蛮人（独眼巨人和半人半马怪的后裔）残忍地毁坏紫色宫殿，他们的统治充满残暴。接下来我将保持安静，出于对我自己的尊重和对观众的尊重。

（5）我的女儿，我被排斥出王室，当色雷斯人安伊图斯（Anytus）控诉苏格拉底的时候，苏格拉底也同样被排斥出阿提卡。

（6）但是后来赫拉克勒底亚（Heraclidae）拯救了国家，他驱除宫殿中的一切污秽，我又回到了王室中应有的地位。

（7）我欢庆赫拉克勒底亚所取得的胜利，为此我谱写了这些阿提卡乐曲。对于我来说，这是我成功的源泉，但是对于你，我的女儿，谁是你的拯救者，你是怎样获得拯救的？

（8）历史：我的女王，难道你不知道世界上有高级祭司和高级教士存在吗？

（9）哲学：我当然知道；他是我的老朋友，他的才华非常难得。

（10）历史：确实如此，我的女王，这就是你所要寻求问题的答案。塞尔吉乌斯大教长拯救了我，将我从死亡的坟墓中提起来，就像阿尔刻提斯（Alcestis）被赫拉克勒斯从冥府中救出一样。他收养了我，给我穿上闪闪发光的衣服，为我戴上黄金项链。

他使我在教会的会众面前的形象光辉亮丽，他为我提供重要的讲坛，使我开始自由的演讲。

（11）哲学：我的女儿，我钦佩这位祭司高尚的行为，他做好事已经达到了至高的顶点；他已具备神的智慧，他的居所安在了"美德山"（virtue）的顶峰。人类的一切描述美德之词无不适用于他，同时他不希望看到地上没有秩序，乱作一团。

因此我从塞尔吉乌斯的行为那里获得教益。他既是一位重要的哲人，也是一位慈善家。

（12）历史：我的女王，这种好行为所表现出来的美德的确值得称颂。如果你愿意的话，就在这块空地上坐一会儿，这里的树又大又高，大树底下的树荫是最具吸引力的。

（13）哲学：我的孩子，现在就开始吧，从你的开场白说起吧！我将聚精会神地听，像伊色佳岛（Ithaca）上的人民听赛伦（Siren）的美妙歌声一样。

（14）历史：好的，我的女王，我将遵照您的指示，拨动里拉琴的第一根琴弦。你是最好的音乐鉴赏家，因为您具有海洋之神奥西纳斯（Oceanus）的知识和特提斯（Tethys）的语言，我在你面前受宠若惊，像被汪洋大海环绕的一座小岛一样。

第一卷

绪言

（1）一个人不仅应该具有人类天性中的美德，同时也应该拥有他自己的发现，因为他拥有神所赐予的理性。通过理性，人类学会如何崇敬和敬

136

拜上帝以及怎样反观自身的状况；通过理性，人类也全然知晓上帝对自己人生的安排。

（2）因此，人类也通过理性专注于他们自身，理性推动人类逐渐从关注外在世界到关注个体世界，同时理性也帮助我们揭开人作为上帝创造物的神秘面纱。

（3）理性带给人类诸多好处，它是自然界的完美合作者。

（4）人类的理性将原始的自然之物再创造和再加工，美化一切所见之物，调适各种味道，将所触摸之物变硬或变软，将所听之音律变得美妙。

（5）理性推动人类改造自然，羊毛被人们织成衣服，木料被农民制成犁具扶手，被水手制成划桨，被士兵制成盾牌。

（6）但理性最为显著的作用在于启发人类形成历史的经验，继而通过历史作品达到劝诫人们的作用。人类灵魂所热切渴求的莫过于从历史中获得教益。

（7）任何人从阅读荷马的诗作中都能获得这种历史的教益和审美的体验。来尔提斯之子奥德修斯经过海上长久的漂流，终于到达一块陆地，这里是法西亚国（Phaeacia），他受到该国国王阿尔西诺厄斯（Alcinous）的热情款待。

（8）由于在海上遭遇风暴，船只支离破碎，奥德修斯精疲力竭，饥饿难耐，国王为他准备好了崭新的衣服，他也获得与国王共享盛宴的殊荣。他还被赋予向众人讲说一路上奇闻逸事的自由。

（9）在国王为奥德修斯举行的送别宴会上，法西亚人十分高兴，他们开怀畅饮，聆听奥德修斯为他们带来的长篇大论。

（10）许多故事过后，人们似乎提不起太多的兴趣，在会众中间渐渐地弥漫着一股"危险的"情绪，他们本性爱探究新奇的事物，对惊奇之事情有独钟。

（11）因此这也是有史以来第一次诗人获得如此巨大的名声。他使人们的心灵渴望知识，渴望了解未知世界的新奇事物。人们开始创作文学作品，在小说中添加演讲词，在音乐（韵律）中加上"谎言"（falsehood），在诗歌中加入奇幻般的故事情节，这些都起到绝妙的修饰作用。

（12）人们的创作活动影响深远，他们甚至认为自己通晓神的意思，众神在他们中间，通过他们手头的笔可以揭示人类一切事物的奥秘。

（13）因此人类应该以历史为师，历史告诉我们什么该做什么不该做，以及怎样趋利避害。战场上的将军在历史面前通常是谦虚谨慎的，因为历史告诉他们怎样指挥作战和敌人如何在丛林埋伏。

（14）历史通过前车之鉴告诉后来者在行动之前要深谋远虑，周密布局。历史赋予将军们好的运气，通过一次又一次的成功使他们达到事业的巅峰。

（15）对于老年人来说，历史是他们的向导和拐杖，对于年轻人来说，历史更像一位睿智的师者，循循善诱，砥砺笃行。

（16）对于我来说，我试图努力还原历史，尽管由于材料的限制我所做的不尽如人意，因为我自认为所创作的作品措辞低俗、思想贫乏、语言拙劣和结构混乱。如果有人认为我在某些事情上的阐释还算恰当，这只能归功于偶然的运气，并不表明我的知识水平有多高。

（1.1）即使像提比略皇帝这样的人也必须从世俗的虚华中抽身而退，屈服于生老病死的自然法则。在其生命的最后阶段，身体内分泌出黑胆汁使病情突然恶化，不久之后莫里斯被授予恺撒，成为提比略皇帝的继承者。（1.2）提比略皇帝躺在担架上被抬到宫廷内的一处庭院，他召集君士坦丁堡大教长（当时约翰担任此职）、教会显要、宫廷卫队长官、军事将领、帝国政府主要官员和民众代表等人士开会。（1.3）提比略皇帝在会议上没有发表演说，但是指定约翰作为自己的发言人，约翰是一位技术娴熟的演说家，他不仅精通罗马法律，而且具备一流的口才，从他口中宣读的帝国法令体现出神圣的王室尊严。罗马人称这类人为君士坦丁堡市政长官（quaestor）。（1.4）提比略皇帝和他的女儿君士坦蒂娜（Constantina）一起参加了莫里斯的恺撒授予仪式，在授予仪式开始之前，提比略授意约翰在会众面前做了如下讲演。"（1.5）罗马人啊——这个声名远扬、备受尊荣的名字，我们的国家具有伟大而光荣的历史——而此时我们却处于危急的时刻，我们必须为世俗事务做出合适的安排，在死亡来临的时候，我们通常会惊慌失措，担心自己的一生碌碌无为而无法向造物主交账。（1.6）由于过去我身居高位所享有的自由和权力使我现在感到害怕，我拥有的权力同样也可能招致无数的错误。（1.7）国家现在的困难局面使我忧心忡忡，我考虑的不是尽快退出，而是怎样处理目前的局面，因为过去我做得实在不够，但是我现在只能忧叹心有余而力不足了。（1.8）国家、孩子和妻子同样是我的负担，我必须寻找到合适的人选，他既是充满智慧的领导者，也具有能力和责任来照顾我的妻儿，我的女儿们年龄尚小，还缺乏女性成熟的特质。（1.9）过去由于我疾病缠身，不顾本性总是试图挣脱妻子的束缚，忽视了对妻子、儿女的照顾，现在我即将离世，心里追悔不已。（1.10）当务之急要解决的是王位继承问题，经过我们不懈的努力，王权得以保持，并通过适当的方式使王位继承下来。（1.11）继任者必须比以前的皇帝更富有远见和才华，他们必须认清现实，纠正先前的错误，或者简而言之，过去罗马帝国的版图已经不复存在，现在的国家要比过去脆弱得多。（1.12）当我们的脑中存有这些观念，上帝会帮助我们做出决策，将继承王位的合适人选带到我们面前。这个人就是莫里斯，他具有很多优点，他为守护和恢复神圣的罗马帝国领土进行了艰苦卓绝的努力，并且在帝国的领土问题上他深谋远虑，富有远见卓识。（1.13）今天你们将要见证这个人成为皇帝。我深信这是帝国最重要的时刻，与此同时我也将我的女儿许配给莫里斯。有了这个重要的安排，我在去天国的路上也会倍感安慰。（1.14）你们会共同经历帝国未来的一切，你们也会渐渐知道莫里斯是何等审慎的性格，那时你们也会认为此刻的安排是何等完美。（1.15）同时你们要一直为国家祈祷，为莫里斯统治时期留下一个光辉的事业而祈祷。别忘了将来在我的墓前装饰你们的美德和善行，不要羞于表现你们的希望和高贵的精神，不要滥用你们的美德和善行。（1.16）用理性治理国家，用智慧掌控权力。当皇帝是一份值得称颂和崇高的事业，皇帝应时刻保持理性和谦虚，认为自身的智慧和才能不及他人，只不过比别人幸运一些罢了。（1.17）对待臣民要充满善意，而非恐吓，要善于纳谏，拒绝别有用心之人的奉承；要让公正成为你的处事向导，对罪恶要施以惩罚。（1.18）要像哲人一样，将身上的紫色皇袍看作便宜的布料，将头上的皇冠看作与海边的鹅卵石没有什么两样。紫袍的光彩夺目有时非常令人厌恶，我对皇帝的建议是在好运气面前应该保持节制和温和，而不是骄傲和狂妄；因为对权力无节制的追求会使皇帝成为它的奴隶。（1.19）让仁慈来抑制愤怒，让畏惧来引导审慎，成群的蜜蜂中也有居于领导地位的蜜蜂，它的螫最锋利，这是它天生获取的优势。（1.20）即使对于蜜蜂来说，螫也不是领导者用来进行专制统治的工具，而是为了谋求公共利益和正义。因为我们应该和蜜蜂一样，更何况我们人类还具有与生俱来的理性。以上是我对你们父母般的劝诫。每个人的行为自有上帝最终的公正判断。"（1.21）在提比略的讲演结束之后，观众中有许多人感动得泪流不止，他们对皇帝的痛苦和国家的状况感同身受。（1.22）提比略拿起皇冠和紫色皇袍交在恺撒手上，随后人群中响起一阵阵热烈的欢呼声和经久不息的掌声，有的人钦佩皇帝对继任者提出的忠告，有的人欢呼莫里斯的成功，但是所有人都为上帝欢呼，感谢神掌管这所有的事情，使王权平稳顺利地交接。（1.23）提比略皇帝最重要的目标终于达成，依据王室法律成功举行了恺撒授予仪式，在这之后提比略回到了自己的卧榻上。

（2.1）这里还有一个故事，关于提比略在生病之前不久，有一天夜里得到上帝的启示：他梦见一个人站在他的身旁，面容泛着洁白的光，衣服带着一种神圣的美，无法用语言形容，就像在画中的美景一样。他是个年轻人，洁白的衣服散发的光照亮整个房间。（2.2）他开始对提比略说话，还不时打着手势："提比略，三位一体的神指示你，在你统治之年不会出现不敬虔的暴政。"话音刚落，提比略从睡梦中惊醒，在黎明时分就起床，不停地向随从讲述这个奇怪的梦。（2.3）第二天提比略去世，虽然他乐意当皇帝，但是在撒手人寰之后远离尘世的痛苦，灵魂也得到解脱，将身后的事情留给了世人。君士坦丁堡整个城市陷入了一片悲痛，民众以各种方式悼念逝去的皇帝。（2.4）大街上到处都是身着悼念服装的人，他们纷纷前往宫廷，由于在宫廷中的许多地方缺少护卫，使得悼念的人们蜂拥而至，灵堂内彻夜唱响忧伤的赞美诗。（2.5）第二天黎明时分，晨曦划破天际，民众护送灵柩车缓缓前行，此刻他们停止了悲伤，代之以欢呼赞美声。有许多葬礼悼词从人们口中发出，大多围绕一个主题，像溪流汇入江河，也像高耸的树木由众多枝条组成。（2.6）但是对于一些人来说，他们的悲痛与其说是为了逝者，还不如说是为了自己，他们悲叹于自己的前途未卜。（2.7）在提比略被安葬之后，每个人都停止了悲伤，他们将注意力转向了新任的莫里斯皇帝身上，回顾过去益处尚小，还不如关注当下。

（3.1）现在我要开始编织正式的历史画面了，接下来我将记录帝国与蛮族人的战争，首先我要提到帝国应对阿瓦尔人入侵的行动，因为在巴尔干半岛发生的事情离君士坦丁堡最近，而且这样安排在时间上较为合适。(3.2) 那个时候，阿瓦尔人发起了一波又一波猛烈的侵袭行动，他们的行动充满暴力和血腥。他们是匈奴人的一支，原先居住在多瑙河附近，他们在所有的游牧部落中是最不守信用和最贪得无厌的。(3.3) 阿瓦尔人派遣使节觐见莫里斯皇帝，他们最近刚刚从罗马帝国侵占一个大城市，它就是西尔谬姆城，在欧洲的罗马人中间享有盛誉。(3.4) 在莫里斯成为恺撒之前此城即被阿瓦尔人攻占。(3.5) 阿瓦尔人攻城的情形已经被曼南德尔 (Menander) 详细记录，关于这一主题我不做详细说明，对于已经叙述清楚的事件我不赘述，因为重复叙述容易招致批评。(3.6) 在西尔谬姆落入阿瓦尔人之手后，双方签订条约，随后两国停止战争，恢复了久违的和平。(3.7) 但是这一协议条款令罗马人感到耻辱，经历了阿瓦尔人对其国土的蹂躏和侵占，罗马人还必须在谈判桌上一再退让，承诺给予蛮族极为贵重的礼物，即每年向阿瓦尔人交纳八万金币，可以以银质物品和丝绸衣服的形式代为交纳。(3.8) 这一条款存续的时间不超过两年，因为就连阿瓦尔汗王也知道，条款的内容对于罗马人来说近乎苛刻，他们不会甘心履行。在双方的和平协议被破坏之前，阿瓦尔汗王听到一个传言，在罗马人中间饲养了一群体形庞大、健硕无比的动物，于是他向莫里斯皇帝提出要求，希望看一看这一稀有之物。(3.9) 莫里斯皇帝即刻调查这一情况，并派人选取一只最好的大象送给汗王。(3.10) 不知是由于恐惧还是惊奇，当阿瓦尔汗王看到了大象时，即刻变了脸色，他命令属下将这头"怪兽"送还给莫里斯。(3.11) 阿瓦尔汗王这次坚持要莫里斯送给他一张黄金长椅，他认为以自己当时的地位足以有资格坐上这一荣耀的宝座；莫里斯为他专门制作了一张黄金长椅，用王室车队运送给汗王。(3.12) 但是汗王傲慢地认为他的地位被这件低廉的礼物所玷污，又一次将礼物送回给莫里斯。(3.13) 而且他还要求莫里斯在每年八万金币的基础上再向他增加支付两万金币，莫里斯愤怒地拒绝了他的无理要求，于是汗王趁机破坏和平协定。

(4.1) 阿瓦尔汗王再次吹响了战争的号角，他集中军队对辛吉东农城 (Singidunum) 发动突然袭击，在很短的时间内此城即被攻占，蛮族如此轻易地夺取这个城市，与城内没有军队驻防和军事装备较差有关，在整个色雷斯地区的驻防军队中弥漫着一股懈怠之风，即使在和平时期驻防军队也必须时刻保持警觉。(4.2) 汗王在进攻的途中，遇到了当地很多居民在田间扎营，正好现在是夏季收获庄稼的季节，他们为了维持生计不得不这么做。(4.3) 但是阿瓦尔人并不是轻而易举就夺取辛吉东农城的，双方军队在城门口进行了激烈的交战，许多阿瓦尔人被杀，他们获得的胜利实际上是一场"卡德马斯般的"(Cadmean) 胜利。此后，阿瓦尔人又侵占了临近几个城市，他们没有遭遇太多的抵抗，因为邪恶的来临是无法预料到的。(4.4) 在汗王对奥古斯塔 (Augustae) 和维明纳修 (Viminacium)（它们是伊利库姆地区最重要的税收来源城市）一番蹂躏之后，他立即将军队驻扎在安奇阿鲁斯 (Anchialus) 城外，准备对它进行封锁，阿瓦尔人毁坏了附近的村庄。(4.5) 据说汗王没有破坏安奇阿鲁斯的温泉浴场，他的妻妾喜欢在浴场里沐浴，她们请求汗王不要破坏这些浴场。据说浴场里的温泉对人的身体大有裨益。(4.6) 三个月之后，罗马人派遣使节觐见汗王，希望双方结束战争。罗马人派遣厄尔庇迪乌斯 (Elpidius) 作为使节前去谈判，他既是一位元老院成员，也是西西里的省长 (governor) 和执政官 (praetor)，根据罗马帝国的法律，这两个官职是有差别的。(4.7) 另外，陪同厄尔庇迪乌斯出使的还有科蒙提奥鲁斯 (Comentiolus)，他是皇帝身边最杰出的侍卫，用拉丁语言称为 scribo。他们二人前往安奇阿鲁斯觐见汗王，希望两国之间订立和平条约。（4.8）但汗王并无恢复和平之意，他甚至大放厥词，扬言要破坏长城（Long Walls）。然而，厄尔庇迪乌斯只能屈服于他狂妄的言语，没有与之针锋相对，但并不表示他迎合了汗王的傲慢。（4.9）但科蒙提奥鲁斯在众人面前一展他雄辩的才能，声称罗马的自由是不容玷污的，它的圣洁不会在淫词戏语面前受到任何的影响。他在阿瓦尔人面前做了如下讲演。

（5.1）汗王陛下，我们以为你也会尊奉你们祖先的神祇，信守誓约，绝不会不履行协议或承诺；我们以为你不会轻易破坏和平，相信你会记得罗马人的善意和多次送给你的礼物；我们以为你绝不会忘记罗马人对待你们祖先的善举；我们以为你绝不会指使其他的民族来伤害罗马人。（5.2）因为罗马帝国的领导人永远比他的臣民富有远见，他们懂得身居高位也需要有良好的德行相匹配。（5.3）因此基于罗马领导人的德行，我们宽容了你们以前的暴行和罪恶，没有以武力寻求报复，因为罗马人在众民族中具有与生俱来的仁慈和宽容。（5.4）我们宽恕你们过去的罪恶，更为珍惜现时的和平。（5.5）但是你们不顾我们的善行，因为上帝的眼目暂时偏离正义者一方，因为你们的神就是你们的欲望，它驱使你们一次又一次贪婪地入侵，罗马人不会忘记自己的美德，因此为了捍卫正义，我们将对入侵者坚决回击。（5.6）看来你们阿瓦尔人更喜欢战争，否则你们应该欢迎和平。在地球上没有哪个民族比罗马人更热爱自由、光荣、祖国和他们的孩子。即使对于一群小鸟，当面对挑战的时候，它们也会为尊严和荣誉勇敢而战，更何况生活在这个伟大国度里的英勇的罗马人呢？我们绝不会容忍尊严受到蔑视。（5.7）你们所鼓吹的观念是邪恶的，而由邪恶取得的成就只是一时的，因为你们不是为正义而战。（5.8）你们近来所取得的成功令你们傲慢自大，但罗马帝国的实力同样也是强大的，我们拥有皇帝的勤政、纳贡国家的支持、丰富的资源和最虔诚的宗教，我们从不畏惧战争。（5.9）你们只希望在战场上打败我们，却不顾任何后果。你们占领我们的土地、虐待我们的人民，这些行为即使在你们邻近部落中也不会获得什么好的名声，因为你们不信守约定。（5.10）你们的神会为你们的行为感到愤怒；诺言被违背，协议被破坏，善行受到你们羞辱，神圣的礼物得不到你们的尊重。和平地离开我们而去吧！不要在没有冒犯你们的人民面前实行残暴，这样会使你们的成功变为邪恶。（5.11）希望你们尊重所侵占罗马土地上的人民，因为他们曾是你们的救助者，当你们从东方强大势力统治下逃脱出来的时候，颠沛流离，是我们的人民接纳了你们，给你们一个安居之所。（5.12）不要玷污这些善意的举动，不要轻忽这些慈善的行为，不要为你们的后代做出邪恶的榜样。如果你们需要财富，那么罗马人已经满足了你们，因为我们的人民是慷慨的，我们的实力是雄厚的。（5.13）你们现占据的土地又长又宽，你们在这块土地上定居绝不会感到地少人多。（5.14）回去吧，回到你们自己的土地上，罗马人对你们实在够慷慨了，不要将你们的势力越出界外。（5.15）即使风再大，也不会对结实高大的树造成损伤，因为它有繁茂的枝叶、粗壮的树干、扎实的根部和覆盖面广的树荫，它被阳光和雨露所滋养，吸收天地之养分。（5.16）那些无节制扩展自己土地和财富的民族，终将会受到公正的审判，他们在上帝面前的羞愧要远远超过所受的痛苦。

（6.1）当科蒙提奥鲁斯结束了讲话，阿瓦尔汗王异常愤怒，胸腔中充满沸腾的血液，脸颊涨得通红，眉毛骤然竖起，连眼神中也带着暴戾，看来科蒙提奥鲁斯将面临惩罚的危险。（6.2）蛮族毁坏了罗马使节的尊严，给科蒙提奥鲁斯戴上镣铐，用木质夹具夹他的脚，扯碎他的衣服，并根据阿瓦尔人的惯例，准备对科蒙提奥鲁斯施以死刑。(6.3) 第二天，汗王愤怒的情绪逐渐得到平复，阿瓦尔人中的权贵人物也劝说汗王不要对罗马使节施以极刑，给他戴上镣铐足以起到惩戒的作用。汗王最终同意不对他们施以死刑，并释放他们回国。(6.4) 第二年，厄尔庇迪乌斯再次被莫里斯任命为罗马帝国使节出使阿瓦尔。当厄尔庇迪乌斯见到汗王时，他要求汗王派遣一名使者与他一同前往觐见莫里斯皇帝，如果这样的话，他将尽力劝说莫里斯皇帝同意阿瓦尔人关于每年增加两万金币的要求。(6.5) 汗王采纳了他的建议，派遣备受阿瓦尔人尊敬的塔吉提乌斯（Targitius）出使罗马帝国。他们一同前往觐见莫里斯皇帝，随后双方达成协议，签订和平条约，罗马帝国须在原有协议基础上每年向阿瓦尔人增加支付两万金币的贡金，否则阿瓦尔人有权诉诸战争。(6.6) 双方的和平局面看似得以恢复，战争不再打响，但是真正和平的局面并未维系太长时间，阿瓦尔人再次袭击罗马帝国，但这一次不是公开地袭击，而是通过不正当的狡猾手段。

(7.1) 阿瓦尔人怂恿斯拉夫人侵占了许多块罗马帝国领土，他们侵袭的速度非常快，瞬间便扩展到长城一带，他们大肆破坏所占之土地，疯狂杀害所虏之人民。(7.2) 莫里斯皇帝出于对蛮族侵袭的惊惧，他派遣宫廷卫队前往长城一带支援，希望现有的兵力能够守卫长城，进而保卫君士坦丁堡。(7.3) 此时，科蒙提奥鲁斯肩负着重要的使命，他率军进入色雷斯，准备驱赶成群的斯拉夫人，当他率部到达额吉纳河（Erginia）附近，突然遭遇成群的斯拉夫人，双方随即展开激战，最终罗马军队取得胜利，重创了斯拉夫人。(7.4) 由于科蒙提奥鲁斯在这场战役中的战功卓著，他被莫里斯皇帝任命为御林军统帅（magister militum praesentalis），并随时准备率军出征。(7.5) 第二年夏天，科蒙提奥鲁斯整合一支军队向亚德里亚堡（Adrianopolis）进发，在路上他发现前方有一支由阿达迦斯图斯（Ardagastus）领导的斯拉夫军队，这支军队以训练有素、战绩突出闻名遐迩。经过一夜周密的部署，第二天黎明时分他已接近安西农要塞（Ansinon），随后与斯拉夫人激烈交战。（7.6）敌人仓皇逃跑，罗马人一路追敌直到阿斯提克（Astike），罗马军队将被俘同胞成功解救，他们在此战中大获全胜，一路唱着凯歌、运送着丰厚的战利品返回君士坦丁堡。

（8.1）在秋天的开始，阿瓦尔人再一次单方面解除了和平条约，公开地践踏协议的内容，接下来我将分析蛮族解除合约的缘由。（8.2）有一个姓布科拉巴（Bookolabra）的西徐亚人（如果你想学习西徐亚人名字的命名规则，我将他的名字翻译成希腊语）。（8.3）意即麻葛（magus，波斯教士），当时他做了一件胆大妄为的事情。（8.4）他与阿瓦尔汗王的一位妻妾通奸，短暂的欢愉之后即被捉住，汗王大怒，决定对他处以死刑。他此前一直担心一旦通奸之事暴露将会性命难保，于是他提前收买了七个吉皮德人帮助他逃出阿瓦尔，回到他祖先的部落。（8.5）他祖先的部落是匈奴人，定居在波斯帝国的东边，很多人习惯称他们为"突厥人"（Turks）。（8.6）当他越过多瑙河来到利比迪纳城（Libidina）时，即被罗马军队捉住，他不得不向罗马人交代自己的身份、家乡以及所经历的事。（8.7）看起来他叙述的遭遇是可信的，于是他被一队罗马士兵送到君士坦丁堡王宫去见莫里斯皇帝。当时，罗马和阿瓦尔人之间的和平条约还有效，塔吉提乌斯作为阿瓦尔使节正在君士坦丁堡与莫里斯皇帝交涉贡金问题。（8.8）这当然会引起莫里斯气愤，他觉得自己完全被阿瓦尔人欺骗了，他们一方面每年向罗马帝国收取贡金，另一方面唆使斯拉夫人尽行毁坏罗马土地之事。（8.9）于是莫里斯一气之下将塔吉提乌斯放逐到查尔西提斯岛（Chalcitis）六个月之久，使其受尽折磨，这点惩罚还不能完全平息莫里斯皇帝的愤怒，莫里斯甚至还威胁要对塔吉提乌斯处以死刑。（8.10）阿瓦尔人则相继侵入西徐亚和密西亚（Mysia），占领了许多城市，诸如拉特里亚（Rateria）、博诺尼亚（Bononia）、阿奎思（Aquis）、多罗斯托隆（Dorostolon）、扎达帕（Zaldapa）、潘纳萨（Pannasa）、马尔西安城（Marcianopolis）和特罗帕（Tropaion）等城市。（8.11）攻取这些城市都不是轻而易举的，阿瓦尔汗王花费了巨大的人力和物力，长期频繁作战使阿瓦尔士兵疲惫不堪，怠惰之风盛行。而此时莫里斯皇帝任命科蒙提奥鲁斯为抗击阿瓦尔入侵的军队统帅。

（9.1）因为我在《历史》的序言中已经对居住在多瑙河附近的匈奴人有所叙述，接下来我将展开对波斯战争的叙述。我首先将回顾莫里斯皇帝的登基过程和米底战争。（9.2）希望不会有人对我追溯以前的事件存有意见。（9.3）因为对以前事件的延续记载不能有任何限制，否则在原有的叙事框架中插入不同的事件会引起混乱。（9.4）莫里斯皇帝登基的第一年波斯战争爆发，波斯人塔姆科斯罗（Tamchosro）率领米底军队积极做好战争准备，而莫里斯皇帝则命令约翰·玛斯塔肯（John Mystacon）从亚美尼亚奔赴东部前线指挥作战。（9.5）当约翰抵达东部前线被授予将军职务之后，他将军队驻扎在尼姆弗乌斯河（Nymphius）附近，正是在这里双方的战斗打响，罗马军队由约翰指挥，波斯军队由卡达里刚（Kardarigan）指挥。（9.6）卡达里刚是波斯帝国的官职头衔，波斯人愿意别人以头衔称呼他们，似乎他们认为自己出生的名字不值一提，他们羡慕后天命运的眷顾和个人的努力。（9.7）约翰将整支军队分为左、中、右三部分，他控制中路军队，副将库尔斯（Curs）控制右路军队，阿瑞弗（Ariulph）控制左路军队。三路军队整齐排列，波斯人也依同样的序列排兵布阵。（9.8）当战争的号角吹响，双方旋即展开激烈的鏖战。罗马军队中只有两路军队投入战斗，他们是约翰率领的中路军和阿瑞弗率领的左路军。（9.9）库尔斯的右路军没有投入战斗，因为他不愿服从约翰的战术安排，希望自己单独行动。波斯军队在罗马两路军队的猛攻之下主动撤退，因为他们看到罗马右路军纹丝不动，似乎罗马人在接下来将会发动更为猛烈的攻势。（9.10）当英勇奋战的罗马人看到库尔斯的右路军队没有参战时，就会将左路军和中路军的后部暴露在敌人面前，于是他们不再追赶波斯军队，而是选择撤退。（9.11）这样一来，给了波斯军队一次难得的反击机会，波斯人看到罗马骑兵部队在奋力追赶和艰难撤退的过程中已经精疲力竭，于是他们采取果断的反击策略，杀了许多罗马人，最终能侥幸逃脱的罗马人屈指可数。这场战役结束在582年秋。

（10.1）莫里斯皇帝的神父保罗刚到君士坦丁堡就受到了他的热烈欢迎，第二天就是莫里斯皇帝的结婚大典。（10.2）莫里斯将君士坦丁堡大教长约翰（John Nesteutes）请入大皇宫，在奥古斯图斯（Augustus）宫内，莫里斯皇帝恳请约翰大教长向全能的上帝祈祷，祈求上帝恩准并祝福他的婚姻。（10.3）于是约翰向上帝祈祷，宣布莫里斯和君士坦蒂娜从此结为夫妇，他们的婚姻受到上帝的眷顾和祝福。随后，大教长将皇冠戴在莫里斯头上，并向他们分享信仰的真谛以及怎样践行真实的信仰。（10.4）接下来有几个高级贵族进入婚礼大厅。（10.5）他们在大厅的入口护卫着莫里斯皇帝，恳请莫里斯在军队面前举行登基仪式，并向其臣属赠送礼物。（10.6）婚礼大厅被装饰得分外宏伟艳丽，地上铺着黄金镶边的石头，紫色的窗帘环绕在墙壁四周。（10.7）提比略的女儿君士坦蒂娜比莫里斯提前到达婚礼大厅，她坐在窗帘后面，不久之后窗帘徐徐打开，观众得见新娘的面容，此刻莫里斯在贵族的护送下庄严地来到婚礼大厅。（10.8）莫里斯来到窗帘后面，托起新娘的手，二人缓缓向观众走来，并在众人面前互相拥抱。皇帝的侍从在其身旁侍立，他叫玛迦利特（Margarites），是一位宦官，在皇宫中具有重要的地位。（10.9）君士坦蒂娜皇后向莫里斯致以敬意，随后大厅内响起优美的婚礼旋律。在众人的见证下，新娘的侍从带领所有观众向这对新婚夫妇举杯祝贺。（10.10）这些只是婚礼第一天举行的仪式，整个城市的民众则要为皇帝的婚礼欢庆长达七天时间，城市被银质的容器装饰一新。（10.11）大街上游行的队伍颇为壮观，乐师奏响美妙的管弦乐声（长笛、排箫和里拉琴），杂耍艺人向热情的观众展示各自的绝活。（10.12）演员在舞台上表演经久不衰的古典喜剧，莫里斯皇帝在皇宫热情款待参加结婚典礼的宾客，以此作为婚礼的结束。

（11.1）由于历史写作的要义在于向人们阐明历史上的重要事件，即使不幸的事件也应该成为历史写作者关注的重点。在初春时节，君士坦丁堡的一处主要集市发生了严重的火灾，火势非常迅猛，一时难以得到有效控制。（11.2）最终，君士坦丁堡的民众齐心协力将这场大火扑灭了，只不过风势强劲造成火势蔓延迅速，使整个城市都遭受了大火的袭击。（11.3）也就是在同一年，在君士坦丁堡有一个接受过良好教育名叫保林努斯（Paulinus）的普通人，他被人发现坠入巫术的魅惑中。他皈依的过程非常离奇，我将要对此事记录下来，因为它非常有意思。（11.4）保林努斯拥有一个银盆，专门用来收集人的血液，来提高自己行使巫术的能力。后来他将这个银盆卖给了一个商人。（11.5）这个商人付给保林努斯一大笔钱，买回后将其放置在商店的门口，希望以高价售出。（11.6）恰好此时希拉克略城（Heracleia）的主教路过这个商店，他被制作精美的银盆所吸引，将其买回后回到希拉克略城。（11.7）这位主教所在的教堂（圣徒格里西亚教堂）原来有一个铜盆用来盛放神圣的香料，他擅自将买回的银盆替代了铜盆。（11.8）导致神迹奇事不再发生，上帝的恩典不再垂顾。格里西亚圣徒也收回她的善举，由于圣洁之物受到了污染，用不洁之物代替圣洁之物的行为理应受到上帝的惩罚。现在是时候插入世俗事务的叙述了。(11.9) 许多天过后，不幸的事件降临在这座教堂，主教万分悲痛，为上帝的祝福离开这里而悲伤，他带领教牧人员认真寻找原因，当他发现银盆是"罪魁祸首"时，罪责和羞愧之情难以自抑，犯罪之后的生命对他来说已了无生气。(11.10) 城市的人们聚集在教堂彻夜禁食祷告，祈求上帝施与怜悯宽恕他们的罪行。(11.11) 最终上帝赦免了这位主教的罪，他为上帝的赦罪而感恩。(11.12) 于是他将教堂中的银盆移走，将铜盆重新安放上去，教会恢复了圣洁。(11.13) 上帝的恩典和祝福又回到了这间教会，人们停止了悲伤和哭泣，将一切的荣耀都归于上帝。当人们停止罪恶，用敬虔的心来寻求上帝时，上帝会施以怜悯的赦罪之恩。(11.14) 希拉克略城主教来到君士坦丁堡，他弄清楚了卖给他银盆的商人的身份以及银盆的来历，于是他去拜访约翰大教长，向其讲述事情的来龙去脉。(11.15) 约翰大教长听后极为忧虑，于是他将此事告诉了莫里斯皇帝。(11.16) 莫里斯皇帝当时不太愿意对异端邪说施以惩罚，他倾向于让这些离经叛道的人自我悔改，而不是对其强制惩罚。(11.17) 但是约翰极力向皇帝主张应该对巫师施以火刑，他将主教的话原封不动地转述给莫里斯皇帝。(11.18) "对于堕入异教的人来说，不可能通过自我悔改的方式来重建信仰，也不可能再尝到天恩的滋味，他不再受到圣灵的光照和引领，他们堕落的行为相当于将耶稣基督重钉十字架。(11.19) 大地吸收从天而降的雨水，通过人类的耕作就能从地里长出庄稼，人类与土地共同分享上帝的恩惠；如果长出杂草和稗子，它们会被拔出和烧毁。"(11.20) 最终莫里斯皇帝被约翰说服，第二天便开启宗教法庭，巫师保林努斯遭到传唤和审讯，他被宣判有罪，并施以重刑。(11.21) 他的四肢被钉入一根粗壮的柱子上，脖子被勒紧，他的双目向上注视，只一会儿的工夫他就被勒死了。保林努斯最终结束了他那不敬虔的生命，他的儿子也受到了刑罚，因为他教会了儿子巫术和许多不敬虔的思想。

（12.1）驻守米底的波斯军队突然向阿弗姆要塞进攻，在短时间内就攻占了这座要塞。当罗马军队准将得知这一情况时，便率军进入尼姆弗乌斯河（Nymphius），对波斯的阿克巴斯要塞（Akbas）展开围歼。（12.2）但是阿克巴斯要塞易守难攻，罗马军队在短时间内很难将其攻占。这座要塞坐落在山脊，在其两侧都是陡峭的岩石，在其后部是又深又窄的山谷，罗马军队只能从要塞的前方进攻。（12.3）罗马军队准备在夜间攻城，当他们在城外集结了大批军队的时候，一名士兵的火把不慎坠落在城墙上，顿时燃起熊熊大火，一时间在要塞内的波斯军队陷入困境，于是卡达里刚（Kardarigan）从阿弗姆撤出一部分军队增援阿克巴斯要塞，但是当他们赶到阿克巴斯时，要塞已经被罗马军队占领；在他们抵达的初期，鉴于夜间作战的难度较大，因此波斯人与罗马人签订了停战协定，但是天一亮，波斯人就整装待发，他们登上战马准备与罗马人战斗到底，最后在他们持续的进攻下终于击败了罗马军队。（12.4）波斯人擅长骑射，他们与罗马人交战的优势也表现在此。（12.5）罗马人则被包围在阿克巴斯要塞内，双方的战斗十分激烈，罗马人在波斯人的强攻面前只能步步退缩，最后退到悬崖边。许多罗马士兵纵身跳下悬崖，有的士兵被波斯人俘虏。（12.6）还有一些士兵逃到了山脚下，远离了危险，渡过了尼姆弗乌斯河，最终回到了罗马军队的驻地。（12.7）当冬天渐渐远去、春天即将来临之时，大地像铺上了一层绿色的毯子，君士坦丁堡的民众迎来了这个城市的建城纪念日，然而痛苦总是伴随欢乐如期而至，就在纪念日的前一天，一场大地震爆发了，好像大地也以欢快的形式来纪念这个城市的建立。（12.8）对地震的成因我将不做探讨，因为亚里士多德对此已有深入研究。如果他的观点是正确的，就让他受到人们的推崇吧；反之，则留待后人对此继续研究吧。（12.9）连续很多天，地面出现了剧烈的震荡，人们极度恐慌，即便最狂热的党徒此时也由于惊恐而突然变得谨慎，像正在玩投掷骰子游戏的孩童被突然出现的老师抓住一样。（12.10）甚至连悬挂在圆形竞技场上的用于马车比赛的旗帜也被摘下，大量的民众纷纷躲进教堂以寻求庇护。（12.11）莫里斯统治的第二年冬天，正好举行"纪念莫里斯登基一周年"的庆典，行进在人流中的皇室车队颇为壮观，莫里斯皇帝乘坐的不是马、骡子或大象牵引的车辆，而是乘坐由几个身强力壮的人所拉的车，这是一种极为荣耀的象征。（12.12）在他登上车之后，随即向其亲近的臣属赐予丰厚的赏赐；路旁的民众也一同分享皇室的荣耀，唱起赞美的诗歌以歌颂上帝的恩泽。

（13.1）也就是在同一年，波斯军队在两国边境地区采取咄咄逼人的进攻态势，莫里斯皇帝为了扭转这一不利局面，遂任命菲利普科斯（Philippicus）为皇帝卫队统领（comes excubitorum）。（13.2）菲利普科斯不仅具有才干，而且与皇室的关系非常密切，他的妻子是皇帝的妹妹戈底亚（Gordia）。（13.3）他被任命之后，就率领一部分军队前往莫诺卡顿（Monocarton），在位于艾萨玛山脉（Aisouma）附近的地方扎营，并在临近地区招兵买马。在秋天的开始，他率军驻扎在底格里斯河畔。（13.4）驻扎多日后，继续进军至卡查洛曼（Carcharoman）。在那里他得到卡达里刚（Kardarigan）率领波斯军队已经抵达埃扎拉山脉（Izala）的消息。（13.5）于是菲利普科斯决定启程，以较快的速度到达尼斯比斯城附近的平原，扎营在一处地势较高的地方，随后对波斯人发动猛烈的进攻，不消多时罗马人取得了战争胜利，他们获得了许多战利品。（13.6）没过多久一位农民透露了罗马军队进攻波斯军队的细节,当时,卡达里刚正在山地闲逛,罗马军队则对米底亚(Median)发动突然袭击。(13.7)等到卡达里刚返回军营准备对罗马人采取伏击时,菲利普科斯已经率领军队返回埃扎拉山脉的营地,埃扎拉山脉地势险峻,易守难攻,为罗马军队提供重要的安全屏障,菲利普科斯为所有作战将士分配了战利品。(13.8)此后,菲利普科斯来到尼姆弗乌斯河(Nymphius),为下一步军事行动做准备。菲利普科斯再一次对米底亚发动进攻,他洗劫了贝斯·阿拉巴耶(Beth Arabaye)。附近的波斯军队得知这个消息后,纷纷骑上战马誓与罗马军队一决高下。(13.9)而罗马人对来势凶猛的波斯骑兵震惊不已,他们将军队分成两部分后从米底亚撤出。(13.10)一部分军队追随菲利普科斯来到西萨巴农(Sisarbanon),随后进入哈布丁(Rhabdion);另一部分军队由于路途崎岖难行,且后有追兵,行进在通往塞奥多西城(Theodosiopolis)的道路上。据说塞奥多西是一个极度缺水的地方,它离最近的阿伯拉斯河(Aboras)都非常遥远。(13.11)他们由于缺水而面临窘困的局面。对于一支军队来说没有比缺水更令人担忧的了。罗马军队对俘获的波斯人无论男女一一处决,(13.12)只有小孩幸免于难,或许是罗马人出于恻隐之心。但是,即便这样,缺水的问题也仍然没有得到解决。他们一路上遭遇各种麻烦,最后终于到达塞奥多西城。

(14.1)第二年,菲利普科斯继续对阿扎尼尼发动进攻,这次行动非常顺利,罗马人获得了大量的战利品。(14.2)据说菲利普科斯非常注重军事战略在战场上的运用,他从古代著名的军事将领那里吸取军事知识,例如,从罗马将军大西庇阿(Scipio)与迦太基军队的对决中习得巧妙的制敌战略。(14.3)我们需要将大西庇阿的卓越事迹记载下来,当迦太基统帅汉尼拔率军入侵罗马帝国的欧洲领土,大西庇阿并不打算与汉尼拔在欧洲会战，他制定了一项巧妙的战略，即率军进攻迦太基，给在欧洲的汉尼拔制造了很大的麻烦。（14.4）汉尼拔听到本土遭袭的消息后，迅速赶往迦太基救援，但是世事变幻无常，他在返回途中就对国内某些政敌想方设法对其攻讦有所耳闻。菲利普科斯也运用大西庇阿相似的策略，并最终实现了自己的计划。（14.5）正在罗马军队的军事行动进展顺利之时，菲利普科斯患上了一种严重的疾病，他将军事指挥权交给副将斯蒂芬（Stephen，此人做过提比略皇帝的护卫），任命匈奴人阿匹什（Apsich）为副将，一切安排妥当后他去了马尔提罗波里斯（Martyropolis）。（14.6）菲利普科斯被病魔所折磨，没有菲利普科斯指挥的罗马军队战斗力大受影响，但是卡达里刚所率领的波斯军队则势不可当，他们迅速攻占了莫诺卡顿，并将它改名为"提贝里奥波里斯"（Tiberiopolis）。菲利普科斯曾在这里加固了城墙，修建了一些防御设施。（14.7）波斯军队还攻占了马尔提罗波里斯，但并未对其大肆毁坏，卡达里刚只是烧毁了城市近郊的一处崇拜先知约翰的教堂，它坐落在马尔提罗波里斯西部 12 千米的地方。（14.8）这所教堂会集了许多有学识的教士，他们用一生的时间来思考，希望通过冥想的方式获得灵魂解脱。波斯人彻底摧毁了这座教堂。（14.9）第二天卡达里刚率军离开马尔提罗波里斯，来到佐班顿（Zorbandon），他命令军队将当地的一切防御土墙全部摧毁。此后，第八天他回到了自己的国家。（14.10）他原本打算继续侵入罗马领土扩大战果，但是考虑到自己的身体状况和冬天即将来临，他只好退回国内休整军队。

（15.1）当进入春暖花开时节，菲利普科斯离开君士坦丁堡前往东部战区。当他来到阿米达（Amida）时，波斯人向其派遣一名使节前来处理两国争端问题：波斯国王派遣米波德斯（Mebodes）省长与罗马人商谈，希望签订一项和平条约。（15.2）因此当波斯人米波德斯抵达罗马军营时，菲利普科斯立即召开幕僚会议，参加会议的有中层以上军官和战斗英雄。米波德斯在罗马人面前做了如下演说。（15.3）"我尊敬的对手们，让我们从现在开始拒绝战争、寻求和平吧，让长矛和刀剑收仓入库吧，让战争的号角不再吹响，让长笛奏响和平之曲吧！（15.4）我的国王是爱好和平的，他为自己推动和平的行为引以为傲。因为培育和平正是明君所为，而酷爱战争却是暴君的特点。（15.5）你们也和我们一样，遭受着战争带来的巨大痛苦，战争带给人永不满足的欲望，让战争从此停下来吧！我们已经让地上充满了杀戮，尸横遍野，惨不忍睹，战争是人类苦难的制造者。（15.6）有人热爱财富吗？但是我们为了争夺土地和财富进行了旷日持久的争夺，时而征服，时而被征服；我们不得不承受战争带来的混乱，政局也变动频繁。那些英勇奋战的士兵你们是否获得过一枚金币？他们常常让上级军官不信任。（15.7）相信在战场上没有什么东西比金钱更不可靠的了，它可以从一个人手中瞬间转移到另一个人手中，拥有金钱的人很容易丢失，就像梦里的美好事物在醒来后很快破碎一样。（15.8）你们罗马人在过去实行自由的统治，你们也是和平的追随者，对待你们的宿敌波斯人也不轻易采取战争的手段解决问题，对于发动战争的一方通常充满着懊悔。（15.9）当然我带给你们的不仅仅是和善的话语，只要你们罗马人继续占领米底亚，波斯国王就拥有随时采取军事行动的权利；如果你们愿意和我们签订和平条约，就必须向我们缴纳贡金和礼物。（15.10）对于在战争中有过错的一方我们必须对其施以惩戒。至于贡金的数量，一方面要足以平息波斯人的情绪，另一方面要保证罗马人有能力承受。"（15.11）然而，米波德斯的话音还未落，与会的罗马军官就出现了一阵阵的喧嚣，他们对波斯使节的话极为不满，他们不会同意波斯人的过分要求，更何况罗马人近期还取得了不俗的战绩，侵入了波斯国土，获得了战利品，欺骗了卡达里刚。（15.12）波斯使节的话还没说完，菲利普科斯就解散了会议。几天之后，尼斯比斯教会的领袖也前来拜谒菲利普科斯，他与米波德斯的话如出一辙。（15.13）因此，菲利普科斯立刻通过信使将波斯人的态度告诉莫里斯皇帝，当莫里斯收到信之后也迅速向其发布了一条皇室命令，要求菲利普科斯拒绝与波斯人签订如此有损帝国尊严的条约。（15.14）当菲利普科斯收到皇帝的信件时，他已经将军营驻扎在马姆巴农（Mambrathon）。（15.15）两国的上空布满了战争的阴云，边境上的军队蠢蠢欲动，战争一触即发。菲利普科斯做了最后的战前总动员，他在军队面前做了慷慨激昂的演说以鼓舞士气，之后菲利普科斯率军向比巴斯（Bibas）行进，这个地方位于阿扎蒙河（Arzamon）附近。

第二卷

（1.1）第二天菲利普科斯将军队驻扎在一处高地上，右临平原，左临埃扎拉山（Izala）。埃扎拉山区物产丰富，盛产各种水果，当地的居民能酿制葡萄酒。山区人口密集，在这种环境滋养下的人们自然容貌俊美。当战争来临时，山区极易受到影响，平静的生活不复存在。（1.2）波斯人就曾多次侵入山区抢夺他们的财物，但是任何人都无法劝服当地的居民离开这片土地。（1.3）埃扎拉山临近另一座山，名为埃萨玛山（Aisouma），它山势陡峭，异常险峻。（1.4）顺着埃扎拉山向上攀登，山势逐渐陡峭，越过其最高峰，在山的南侧就能看见底格里斯河的支流，它甚至与高加索山脉相连。（1.5）菲利普科斯认为，在波斯境内的博农河（Bouron）和阿扎蒙河（Arzamon）之间是没有水源的，这就迫使波斯人只能采取以下方案中的一种。（1.6）他们要么固守本国城池，不采取进攻行动；要么采取进攻行动，但是一路的行军会使波斯军队疲惫不堪和饥渴难耐，他们的骑兵会很快失去战斗力，因为罗马人控制了阿扎蒙河的水源。（1.7）第三天，波斯的一支小分队侦察到了有罗马士兵驻守在阿扎蒙河附近。

（2.1）卡达里刚傲慢至极，他不相信士兵侦察回来的情报，在他看来，这些信息就像一堆没价值的闲言碎语。（2.2）他向随行的巫师询问未来的征兆，要求巫师对未来发生的事情做出预测，那些女巫师被邪灵所影响，不由自主地说出许多"预言"来。（2.3）根据预言，胜利终将会在波斯人的一边，波斯军队的远征行动也会大有收获，幸运之神会护佑波斯人。听完这些预言，波斯人无不欢欣雀跃，他们心中充满必胜的信念。（2.4）波斯军队开始从博农河附近的营地开拔，向罗马军队所在的地区进发。他们使随行的骆驼群携带大量的水袋，这样不会因缺水而被罗马人轻易征服。波斯人对成功充满信心，以至于他们为罗马俘虏准备了许多木质或铁质的镣铐。（2.5）菲利普科斯要求军队在行进途中不要破坏农村的庄稼，保护农民的劳动成果。第二天，他精心挑选一队士兵侦察敌军动向，队长为塞尔吉乌斯（Sergius），他以前担任过重要的保护马尔德斯（Mardes）的任务，副队长为奥吉努斯（Ogyrus）和佐戈穆斯（Zogomus），他们都是与罗马帝国结盟的部落成员，罗马人习惯上将他们称为萨拉森人（Saracen）。（2.6）这队侦察兵终于捕获了一群波斯人，经过严刑逼迫，他们获得了卡达里刚军队驻扎的营地和何时采取军事行动的重要信息。这实际上发生在第七天，也就是摩西规定的安息日的日子。（2.7）他们将这些有价值的信息告知菲利普科斯，菲利普科斯都不敢相信敌人要在安息日发动全面进攻，安息日这一天罗马人是要停止一切工作的。第二天清早，侦察兵果然发现波斯军队正在一步步靠近罗马军营，他将这个消息立即报告给菲利普科斯。

（3.1）菲利普科斯紧急召开军事会议，在会上制定作战方略，他将全部军队分为左、中、右三部分，左路军的指挥权交给厄里弗雷达（Eilifreda）（他是叙利亚城市埃姆萨的市长），匈奴人阿皮什（Apsich）担任左路军副将，菲利普科斯的副将维塔利乌斯（Vitalius）统领右路军。（3.2）希拉克略统率中路军，他是后来希拉克略皇帝的父亲。（3.3）波斯人也以同样的形式排兵布阵，右翼由波斯人米波德斯（Mebodes）指挥，左翼由卡达里刚的外甥阿弗拉特斯（Aphraates）统辖，而中路则由卡达里刚亲自指挥。（3.4）当波斯军队进入罗马人视野时，浩浩荡荡，一路掀起尘土飞扬，菲利普科斯命令士兵将耶稣基督的肖像立于支架上，这一传统从古时一直延续至今，彰显着上帝的能力和智慧，肖像既不是人手所织，也不是人手所画。（3.5）在即将开战的情形下，罗马士兵被这一圣像所激励，他们相信上帝与他们同在，因此罗马人对这一圣像的崇拜到了难以用语言表达的程度。（3.6）菲利普科斯将圣像上的布掀开，两列士兵抬起圣像支架行进在军队的正中央，这给了作战的士兵无穷的勇气和斗志。接下来菲利普科斯在所有士兵们面前发表了慷慨激昂的演说。（3.7）他所做的演说旨在加强士兵们对敌愤怒的程度以及唤起他们作战的热情。现在战斗的号角终于吹响，它似乎在号召英勇的士兵为了神圣的目的而战斗。（3.8）菲利普科斯将耶稣的圣像运送到马尔德斯（Mardes）的一处城堡里，交给阿米达（Amida）主教西门（Symeon）。（3.9）在那一天，城堡内的所有人聚集在一起恳切祈祷，恳求上帝恩助罗马人在战争中取得胜利。（3.10）军队中的前方将士劝说菲利普科斯转移到军队后方，他们担心将军留在前方会非常危险。（3.11）他们对菲利普科斯这样说："战场上的情况变化莫测，战争的本质就是变化，一切都在变动，而不幸的情况将有可能随时出现。"（3.12）他们劝说将军转移到后方去。两军交战的地方位于索拉丛平原（Solachon）。（3.13）索拉丛平原这一带地方出过很多名人，塞奥多利（Theodore）担任过某个地方的行政长官；所罗门（Solomon）在查士丁尼统治时期做过宦官，他组织军队在利比亚征讨过迦太基人。所罗门的故事记载在普罗柯比的历史作品中。①

（4.1）当波斯的各路军队与罗马的各路军队互相对峙之时，维塔利乌斯率领的罗马右路军异常勇猛，以迅雷不及掩耳之势击溃了波斯的右路军。他们首战便告捷，抢夺了波斯军队中的许多辎重。（4.2）获胜的罗马士兵私分战利品，场面混乱不堪，菲利普科斯见此情形十分愤怒。（4.3）于是他想了一个方法：他将自己有特点的、非常显眼的头盔取下放在护卫塞奥多利·埃里庇努斯（Theodore Ilibinus）手上，要他藏起来。（4.4）菲利普科斯假装自己在寻找丢失的头盔，此举意在警示士兵私分战利品的错误行径，那些士兵不再私分战利品，而是将注意力转移至战斗上，准备继续投入战斗。溃败的波斯士兵逃向卡达里刚指挥的中路军。（4.5）由于逃亡士兵的加入，波斯中路军的纵深线更长，如果与之对阵的罗马军队仍然采用骑兵战术、不下马短兵相接，那么他们将会面临极大的困难局面。（4.6）罗马中路军的战线延伸了，战斗更加艰巨，双方短兵相接，厮杀极为惨烈，地面上到处是尸体的残骸。（4.7）看来邪恶没有止息的迹象，但是上帝公正的审判终将会来临。突然，一个声音响彻整个罗马军队，命令战士们攻击敌军的马匹。因此罗马士兵遵照这项命令，纷纷对敌军的马匹发起攻击，最终他们取得了胜利。（4.8）罗马人原以为这个声音来自斯蒂芬队长（Stephen），在战斗结束后他们询问斯蒂芬是不是这项战术的发明人。（4.9）但是斯蒂芬矢口否认，还发誓自己绝没有这样的天资想出如

① Procopius, Wars Ⅲ and ⅳ；在《战记》的第三章记载所罗门的家乡是离达拉城不远的罗马帝国东部边境小城。

此绝妙的策略，或许是他不愿意将原本属于上帝的光荣归于自己。
（4.10）与此同时罗马的右路军也击败了与之对阵的波斯军队，他们将
残存的敌人一路追逼到达拉斯（Daras），足有 12 千米之远。（4.11）随
着罗马人在整个战局的胜利趋势逐渐明朗，波斯人也意识到已经无力回
天，纷纷选择逃跑。波斯中路军的残余人马在卡达里刚的率领下逃到某处
小山丘。（4.12）当罗马人得知有一部分残存的波斯军队躲在一个小山丘里
面时，他们立刻包围了这个地方，并要求山里面的波斯人投降。（4.13）但
是罗马人或许被胜利冲昏了头脑，以致他们没有意识到卡达里刚也躲在山
里，没有对敌人予以高度重视。（4.14）在山里面的波斯人尽管被饥饿所
折磨，但是他们仍然坚持了三四天。让波斯人没有预料到的危险突然降
临，使得卡达里刚陷入恐慌。罗马人此时突然撤退了，这一变化令波斯人
不知所措。

　　（5.1）当这部分罗马军队回到军营，斯蒂芬被菲利普科斯严厉批评，
因为他不能容忍就这样轻易地放过了波斯人；斯蒂芬反驳将军的批评，他
认为作为一个军事将领懂得防御是最重要的。（5.2）他说："我知道怎样
珍惜有限的胜利成果，也会对命运之神心存畏惧，胜利者不应过分骄傲，
而应该保持节制。"当山里的波斯人发现罗马军队已经撤出时，他们决定
下山。（5.3）他们从山脊上下来之后，遇到了一群返回罗马军营的士兵，
波斯人伏击了许多罗马士兵，一部分人被杀，另一部分人沦为俘虏。
（5.4）在投入战斗之前，卡达里刚命令波斯人打开各自的水瓶，他又命令
米底亚为波斯人的打水行动做掩护，因为驻扎在阿扎蒙河岸的罗马军队
正密切注视周围的动向。（5.5）卡达里刚的冒险行动并未换取好的结果，
他过于鲁莽，对危险程度估计不足，他也不善于从过去的错误中吸取教
训。由于他一开始制定的策略就是不明智的，所以结局也不会太理想。
（5.6）米底亚人被罗马士兵发现，他们中牺牲了很多人，而在井旁打水的

波斯人由于在短时间内喝下很多水，使胃负担加重，有的人直接就躺在地上不能动弹。（5.7）卡达里刚率领残余军队终于到达达拉城附近，他们试图进入此城。城内的居民，更确切地说是驻防城市的波斯人不愿意让米底亚人进城，因为根据波斯人的习惯，逃犯是不允许进城的。（5.8）驻防达拉的波斯军队对卡达里刚进行一番羞辱之后，他们奉劝卡达里刚还是带领自己的残兵败将回家去吧！（5.9）时间一天天消逝，有一天，在罗马军营中突然出现阵阵恐慌，据谣传波斯人已经集结了援军，正准备对罗马人发动全面进攻。（5.10）因此希拉克略和另一位军事领导人率领一小队士兵准备追踪波斯人的行踪，他们来到卡达里刚曾经避难的那个小山丘。（5.11）他们迅速冲上山顶，俯瞰四境，没有发现敌军的踪影。然后他们又做了一次详尽的搜寻，在侦察过程中没有发现任何线索，于是他们返回军营。

（6.1）希拉克略率领一队士兵在返回军营的路途中，遇见一名垂死挣扎的罗马士兵，他全身有四处大的伤口。（6.2）一支箭穿过他的头盔进入头部直到上嘴唇的部位，另外一支箭从他的下嘴唇一直穿出头部，上、下两支箭穿过舌部，使他的嘴唇无法闭合。（6.3）他的左臂上被一杆长矛击中，腹部被一杆标枪击中。可以想象这名士兵在战斗的时候是何等英勇。（6.4）由于这名士兵具有不怕牺牲的战斗精神，希拉克略的随从将他带回军营。（6.5）回到军营后，他身体内的三处箭矢都被成功拔出，只有在腹部的那一处箭矢无法取出。为这名士兵取箭的是赤龙（Chiron）和玛查恩（Machaon），他们二人是技术娴熟的医生，但也有传言说他们故意不拔出那名士兵腹部的箭矢，这样就足以让其死亡。（6.6）有一个马其顿人列奥尼达斯（Leonidas）在听到这个消息后，跑去询问罗马人这场战斗谁最终获胜，旁人告诉他罗马人获胜，并且获得了丰厚的战利品。（6.7）他同时也得知罗马人在这场战斗中付出的代价较小，而波斯人却遭到了沉重的打击，于是他决定将这个好消息告诉那名奄奄一息的士兵，以抚慰他的心灵和缓解他的伤痛。(6.8) 他经过旁观者的同意后，将罗马人胜利的消息轻声告诉这名士兵，这名士兵脸上露出欣慰的笑容，随后列奥尼达斯将他腹部的箭拔了出来，这名英勇的士兵以一种极为高贵的方式离开人世。(6.9) 周围的士兵称这样的战斗英雄为 Quartoparthoi，这是叙利亚贝罗埃 (Beroe) 人的说法。当这杆致命的武器从他的腹部拔出来的时候，他高贵的灵魂便被迅速地带往天堂。(6.10) 第二天，菲利普科斯召开全军会议，他表彰为战争胜利付出巨大努力的死伤将士，给负伤的士兵赠送礼物，以表彰他们勇敢的精神，依据伤势情况对受伤的战士给以补偿金。(6.11) 有些人的军衔获得提升，有些人获赠一匹波斯战马，一些人获得银质头盔和箭筒，还有一些人获得了盾牌、护胸甲和长矛。(6.12) 到了中午，菲利普科斯结束了会议，此后他将所有伤员送往城市或附近的城堡，他希望通过医药神阿斯克勒庇俄斯 (Asclepius) 的帮助能够缓解和医治他们的伤痛。(6.13) 菲利普科斯则率领其余的军队侵入米底亚，在那里波斯人由于缺乏预见而遭到惨败。对于未经任何准备的波斯人来说，罗马的进攻是不可抵挡的。

(7.1) 罗马人的军事行动进展迅速，像海上的飓风，也像晴天霹雳，他们很快侵入阿扎尼尼，开始对波斯帝国发起军事进攻。据说阿扎尼尼的居民居住在洞穴里，他们的房子就是一处处洞穴。(7.2) 或许他们认为自己能在这些地下的洞穴中获得庇护，他们把面包和大麦饼藏于洞穴中，以备不时之需。(7.3) 但是洞穴只能确保他们短暂的安全，由于罗马军队总能找到地下洞穴的蛛丝马迹，阿扎尼尼人很快就被罗马人发现。(7.4) 罗马人可以通过传到地面上的回声探测到地下的情况，这种方法是比较可靠的。(7.5) 然而，如果从一开始就注定了阿扎尼尼人天生为奴，那么他们的命运就太悲惨了。(7.6) 罗马人在地下洞穴搜寻个遍没有发现几个波斯人，此时阿扎尼尼人早已逃到查洛马龙（Chlomaron）的城堡里去了。第二天，从城堡内逃出兄弟二人。（7.7）一个名叫玛鲁萨斯（Maruthas），另一个名叫卓维乌斯（Jovius），他们都是阿扎尼尼民众的领导人。他们逃跑之后被菲利普科斯接进军营，并给予热情的款待，而他们也急切地在罗马人面前表示善意。（7.8）为了巴结菲利普科斯，他们将事先准备好的演讲稿向菲利普科斯陈述。（7.9）"将军，如果你希望罗马人攻占阿扎尼尼，我们将向您指示一处常被人忽视的进攻的好地方，这个地方波斯军队的防御力量薄弱。"这是他们向菲利普科斯陈述的主要观点。（7.10）他们的一番话正合菲利普科斯的意图，在罗马军营中指挥官们正设法寻找这样一处隐蔽的进攻地点，但囿于无法对这些地点进行实地勘察，因此一时间内很难做出决策。（7.11）因此，当菲利普科斯得知这一好消息时，便立即派遣希拉克略率领一支军队前往那个地方。

（8.1）希拉克略便立即启程。与此同时，卡达里刚正率军向罗马军营驻扎地进军，他招募了大量的士兵，但是他们没有任何战争经验；他还准备了一支特殊的辎重部队（骆驼队）。（8.2）卡达里刚在行进的路途中正好遇到希拉克略，他们正在对一处农村地区进行侦察，陪同希拉克略侦察的大约有20人。（8.3）他们没有带多少武器装备，对危险估计不足。没有头盔，没有护胸甲，没有刀剑，希拉克略只能依靠护卫和随从的保护。但是幸运总是降临到他们身上，由于波斯人缺乏足够的勇气和智慧让他们成功逃过追捕。（8.4）当希拉克略发现敌人时，他鼓起勇气假装继续前进。但是他的计谋很快就被暴露，敌人迅速朝希拉克略的方向走来，希拉克略见此情形，立即掉头登上了一处山脊。（8.5）敌人对他们发起猛攻，希拉克略和他的随从又转移到另一个山脊，当敌人再次靠近，他们继续转移到别的山脊，最终他们成功躲过了敌人的追捕。到了晚上，希拉克略向菲利普科斯发去一封信告知波斯人已经临近罗马军营。（8.6）当菲利普科斯将军回到军营，他就得到波斯人第二天要对罗马军营发起攻击的消息，于是他将分散在各处的军队集合起来。（8.7）有一个人名叫扎贝塔斯（Zabertas），他是负责驻防查洛马龙的军事长官，当他见到罗马军队从附近经过，便悄悄地尾随在罗马军队的后面，一直跟随到罗马军队的大本营，此后他迅速离开，将罗马军营的具体位置报告给卡达里刚。（8.8）于是卡达里刚决定对罗马军营发动袭击，扎贝塔斯引导波斯军队选择了一条安全的进攻路线。但是此时的罗马军队早已转移，当波斯人发现罗马军队的踪影时却没想到横亘在他们中间的是一条又深又窄的峡谷。由于命运不济，他们总是与成功失之交臂。（8.9）扎贝塔斯建议波斯军队沿着峡谷的边缘继续前进，峡谷就像一条大深沟一样构成天然屏障，双方军队在峡谷的两侧相向而望。（8.10）罗马人此时热切地希望跃过峡谷与波斯军队一决雌雄，但是波斯人此时似乎改变了原来的进攻计划，他们决定不立即发起攻击。（8.11）等到夜间的时候，波斯人决定进攻罗马军队的后部，他们秘密地绕行峡谷的边缘地带，试图偷袭罗马军队。由于这座山在查洛马龙军队的驻守范围内，他们对山的地理状况比较了解，因此卡达里刚有信心在山的任何地方驻扎。（8.12）但是罗马人此时已经离开山顶，他们在山脚扎营。双方的军队相距如此之近，就像邻居一样，他们都能听到对方的声音和马匹的嘶叫声。罗马人最终决定放弃进攻查洛马龙。

（9.1）第二天晚上大约头更时分，从菲利普科斯的营帐里突然传出恐怖的叫声，一时间菲利普科斯陷入严重的精神错乱，他疯狂地向营帐外跑去。（9.2）他无法抑制内心的恐惧，疯狂的举动令他身边的护卫和随从都不知所措，他惊恐的程度无法用语言形容；然而，米底亚人也没有实力来平衡罗马人，此时波斯人也面临着后勤补给不足的困难。（9.3）菲利普科斯决定撤退到阿弗姆（Aphumon），这个城市当时在罗马帝国的控制下。罗马人在没有月亮的晚上行军，恐慌和困惑难以自持。（9.4）罗马人选择最难以通行的线路撤退，一路上伴随着诸多危险，至于撤退的原因我们不得而知，波斯人也对罗马人的行动充满困惑。（9.5）罗马军队准备再次沿着峡谷撤退，由于对山路的不熟悉，他们遇到了很多麻烦，山路湿滑，很多士兵连同辎重物坠入山崖。（9.6）自从罗马军队集结在一起就没有和波斯军队正面交战，双方似乎在玩互相追逐的游戏，罗马人一直不停地转移，在转移过程中损兵折将，这足以表明菲利普科斯愚蠢至极。（9.7）不过确实也感谢上帝的帮助，假若那10个运送武器装备的男孩能及时将罗马军营的地理位置上报给卡达里刚，那么罗马军队在短时间内就难以安全脱身，他们将会陷入更大的困境。（9.8）因此到了第二天早上，罗马军队终于艰难地脱离了困境，到达了阿弗姆。鉴于菲利普科斯的战略决策错误使军队遭受了很大损失，很多人对菲利普科斯心存不满。（9.9）波斯人紧紧地跟在罗马军队后方，他们不敢与罗马人公开交战，因为他们不清楚罗马军队现在的实力究竟如何。（9.10）波斯人跟在罗马军队后面，时不时向其后方射箭，米底亚人的箭术精准，对罗马人造成很大威胁。（9.11）甚至连搭乘菲利普科斯卧榻的骡车都被乱箭击中，据说菲利普科斯的辎重都落入敌手。这一次波斯人的箭阵攻击非常猛烈，给罗马军队造成了很大的伤亡。（9.12）然而，波斯人并没有穷追猛打，一方面由于有畏惧之心，另一方面怀疑罗马军队一路撤退的表象里是否暗含阴谋。（9.13）在午间的时候，菲利普科斯集合所有将士召开会议，士兵纷纷对塞奥多利发泄不满，由于塞奥多利承担监督与侦察之责，但他过分懒惰而玩忽职守，使军队陷入一次又一次的困境。（9.14）罗马军队的辎重物资也被波斯人缴获甚多，这些物资对波斯人来说犹如天降甘露，长时间的饥荒已经使他们处于缺衣少粮的境况。（9.15）菲利普科斯的撤退行动伴随着巨大的危险，他们从尼姆弗鲁斯河（Nymphius）涉水而过的时候就遭遇了波斯军队的袭击，这次也是由于他的幸运才使军队脱离危险。第二天，当罗马人到达阿米达的时候，军队已经丧失了大量的有生力量。（9.16）但是菲利普科斯仍然希望唤起士兵的希望和斗志。他立即组织人马对埃扎拉山（Izala）的要塞进行修缮，同时他也对一些年久失修的要塞进行加固，其中，一个要塞名叫帕萨肯（Phathacon），另一个叫阿拉雷苏斯（Alaleisus）。菲利普科斯在这些要塞驻扎重兵守护，有了这些要塞就得以控制整个埃扎拉山。由于菲利普科斯的身体一直被病痛折磨，于是他将一部分军队交给希拉克略指挥。

（10.1）希拉克略率领军队在埃扎拉山脉的山脚下扎营，更确切地说是在底格里斯河岸。底格里斯河从波斯帝国北部地区缓缓流淌，进入罗马帝国后河道非常蜿蜒迂回。（10.2）尤其是在埃扎拉山周围绕行距离较长，通常人们将埃扎拉山被底格里斯河流经的地方称为"萨玛农"（Thamanon）；此后底格里斯河流入梅拉巴珊山区（Melabason），然后一直向南流淌。（10.3）梅拉巴珊山区是米底亚人的发祥地，临近梅拉巴珊山的是卡迪克亚山脉（Carduchian）。（10.4）因此希拉克略离开萨玛农，开始向米底亚南部进军，罗马军队侵袭了整个南部地区。他甚至横渡底格里斯河，命令军队继续前进，对米底亚南部地区的很多重要设施焚烧殆尽。此后，希拉克略率军回到罗马帝国领土，绕行塞奥多西城，再一次与菲利普科斯的军队会合。（10.5）在这些事情完成以后，菲利普科斯决定拆掉营帐，因为冬天已经来临，军饷也已经发到士兵们的手上。（10.6）当春天来临、万物复苏的时候，菲利普科斯将全部军队的2/3交给希拉克略，剩下的一部分军队交给来自图尔·阿布丁的塞奥多利，另一部分军队交给安德鲁（Andrew），他是亲罗马的阿拉伯部落和罗马帝国之间重要的中间人。（10.7）菲利普科斯建议他们运用积极进攻的战略对波斯帝国领土发动猛攻。菲利普科斯患了很严重的病，不能再指挥军队作战。（10.8）在这一年，科蒙提奥鲁斯（Comentiolus）来到安奇阿鲁斯（Anchialus），集合当地所有军队，检阅士兵状况，制定新的作战方略，他将原有的军队划分成三个部分。（10.9）他任命马尔丁准将（Martin）指挥右翼军队，任命卡斯图斯（Castus）指挥左翼军队，他自己则统帅中央军队。科蒙提奥鲁斯的军队中总共有6000人，但其中4000人是非战斗人员，他们的主要职责是后勤补给和防御作战。（10.10）卡斯图斯率领左翼军队进攻周围的乡村地区，他们来到扎达帕（Zaldapa）和哈姆斯山脉（Haemus range），大约在黎明时分，罗马军队对阿瓦尔人发起了一次不经意的猛攻，阿瓦尔人未经任何作战准备，没有丝毫抵抗之力，他们损伤惨重，罗马人取得了光辉的胜利。（10.11）卡斯图斯从阿瓦尔人那里夺取了大量战利品，他委托一名护卫将这些战利品带回军营。（10.12）马尔丁的军队也展开行动，他们来到托米城（Tomi）近郊，侦察到阿瓦尔汗王及其军队就驻扎在那里。罗马人决定设下埋伏，对阿瓦尔人发动一次伏击，但是还没等到两军交战，阿瓦尔人就遭遇了洪水的袭击，涨潮的水冲进了他们的军营，许多人溺水而亡。（10.13）所幸的是，阿瓦尔汗王获得了及时的救助，他的随从在沼泽丛中找到了一处陆地，这使得汗王顺利脱险，否则他将会被罗马人轻易捉住。阿瓦尔人还从来没有经历过这样严重的危险状况。直到此后的第五天，外界才从一名逃亡者那里得知阿瓦尔人遭灾的事实。（10.14）第二天清晨，马尔丁遵照科蒙提奥鲁斯将军的指示从那个地方撤退，卡斯图斯与马尔丁的军队会合，这次会师使罗马军队的实力大增。

（11.1）科蒙提奥鲁斯不仅拒绝了阿瓦尔人发出的冀望签订和平协议的诉求，而且在具体的军事部署上也极不精明。考虑到阿瓦尔人数众多，况且他们刚经历洪灾，科蒙提奥鲁斯不应该命令卡斯图斯和马尔丁的军队撤回，他应该命令军队对阿瓦尔人实施穷追猛打的策略。（11.2）罗马军队的一名军官拉斯提修斯（Rusticius）也对科蒙提奥鲁斯表示不满，他认为卡斯图斯和马尔丁军队会师的地点充满巨大的危险。（11.3）事实上，科蒙提奥鲁斯听取了拉斯提修斯的意见，一改往日的怠惰，前往马尔西安城（Marcianopolis）视察军事防御情况，当马尔丁和卡斯图斯听到科蒙提奥鲁斯抵达马尔西安城的消息时，他们也率领军队前往马尔西安城。第二天，科蒙提奥鲁斯将所有军队带回他自己的军营。（11.4）此后他率领军队经过哈姆斯山的狭道处，登上哈姆斯山的顶峰，进入肥沃的罗斯山谷。（11.5）罗斯山谷的海拔较高，位于哈姆斯山的山腰，山谷非常美丽，到处都是鲜花盛开，绿油油的草场似乎穿戴着节日的盛装。（11.6）茂盛的树林为路过的行人提供休憩之所，尤其是在午间，旅客经常会在树荫底下休息。（11.7）山间有多条溪流，水流清澈见底，鸟儿在树林中悦耳的啼叫声为过往的行人带去欢愉和宁静。（11.8）山谷中各种鲜花芳香扑鼻，沁人心脾。（11.9）科蒙提奥鲁斯命令军队在罗斯山谷驻扎下来。第二天早上，他命令马尔丁在附近河流地区寻找阿瓦尔人的踪迹，同时他也命令卡斯图斯在附近山上搜寻阿瓦尔人。（11.10）当马尔丁发现阿瓦尔人刚刚才穿过河流时，他立即回到军营将这一情况上报给科蒙提奥鲁斯。（11.11）而卡斯图斯在山中隐秘地搜寻，遇到几个阿瓦尔人，他们被罗马人全部杀死。（11.12）此后，卡斯图斯就没有那么幸运了，他回科蒙提奥鲁斯军营的道路已经被阿瓦尔人封堵了，他试图与马尔丁的军队会合。（11.13）但他的计划泡汤了，此时太阳已经落山，他决定就在原地扎营。第二天，敌人仍然保持高度警觉，他们通过木桥到达河的对岸，但是卡斯图斯只能继续待在原地，因为河水湍急，附近又没有桥梁，他们很难在短时间内渡河。（11.14）当卡斯图斯回到营地，侦察兵向他汇报称敌人正蜂拥而至。

（12.1）卡斯图斯听到这个消息后紧张得大汗淋漓，精神也几近绝望，他对即将到来的危险充满忧惧。（12.2）一时间，他的许多属下军官纷纷逃跑，像野兔或鹿极尽所能地逃脱猎人的追捕，他们躲藏在山谷深处，使树林成为他们的避难场所。（12.3）但是仍有一些罗马人被阿瓦尔人擒获，他们遭受了难以忍受的痛苦和折磨，阿瓦尔人甚至用严刑拷打的方式逼迫他们说出卡斯图斯的下落。（12.4）最终罗马人不得不向阿瓦尔人坦白，他们告诉阿瓦尔人卡斯图斯就在山林的中央地带。不久卡斯图斯被阿瓦尔人抓获。由于卡斯图斯在军队中的地位较高，阿瓦尔人将他作为诱饵以获取更大的利益。（12.5）双方战争的规模在逐步扩大，战火燃烧得也更猛烈。阿瓦尔汗王率领一支庞大的军队试图侵占整个色雷斯地区。（12.6）阿瓦尔人首先对美塞布里亚（Mesembria）的边境地区大肆蹂躏，将守城士兵全部杀害。（12.7）有一个名叫阿斯穆斯（Ansimuth）的军官，他的职责是统率色雷斯地区的步兵，当他得知阿瓦尔人在美塞布里亚的所作所为之后，将军队撤退至长城一线。（12.8）但是他跟随在军队的尾部，这一不利的位置使他很快就被阿瓦尔人的先头部队俘虏。（12.9）此后不久，阿瓦尔汗王将剩下的军队全部投放到色雷斯，使军队从各个方向侵入色雷斯，然而此时的科蒙提奥鲁斯的军队正试图撤到君士坦丁堡，他们一路沿着哈姆斯山行进，阿瓦尔人却从不同方向对色雷斯进行侵扰。（12.10）此后的第三天，科蒙提奥鲁斯召集所有军官向他们传达自己的军事意图。（12.11）第二天，他又召集所有的骑兵和步兵召开军事大会，他做出军队不要与阿瓦尔人正面交战的提议，希望能获得大家的认可。

（13.1）但是，这时候突然有一位保民官（tribune）站起来对科蒙提奥鲁斯的提议表示反对，他做了如下演讲。（13.2）"英勇的战士们，我们大家都能征善战，并且具有最坚毅和忠诚的战斗精神，机会在我们这一边，命运也对我们有利，对于男人们来说，要顾忌自己的危险，但更重要的是他们身上肩负着保家卫国的神圣使命。（13.3）过分的懦弱应受责备，但是鲁莽同样也应该受到谴责。犹豫或慎思有时候是理性的标志，因为它能带来良好的秩序。（13.4）在我说这些话之前，你们已经听到过一些人

170

的意见，我们暂且先抛开对将军的忠诚不说，恐怕你们也容易陷入盲目忠诚的危险。(13.5) 盲目忠诚容易导致专制，很多人似乎有一个惰性，那就是喜欢被人引领，而专制恰恰在指引着懒惰的人们。(13.6) 战士们，将军号召我们抵御敌人，命令我们继续前进，用我们少数的人来抵抗大量的敌人，这样做的后果将是步卡斯图斯的后尘。(13.7) 你们也都身经百战，其实你们也知道战场上是非常残酷的，不然我也不会向大家说出这些事实。因为在我看来，虚假的赞美比真实的责备更应受到谴责，真理不是依靠颂词来描绘的。(13.8) 难道将军最近没有命令那些不适宜参战的人员去守卫要塞吗？那些人足有 4000 人，非战斗人员与参战人员数目几乎相等，健康的人和残障人士的数量也相等。(13.9) 在最近的战争灾难中，我们多少坚定的战斗精神和信念被摧毁，敌人摧毁了我们多少有生力量，对此我只能选择沉默不语。如果我没弄错的话，最近的失败带给我们的损失比我们早前的胜利所带来的利益要大得多。(13.10) 卡斯图斯杀了很多阿瓦尔人，获得了许多战利品，但是蛮族第二天就夺回了这一切，并且俘获了卡斯图斯和很多罗马士兵，卡斯图斯即使躲在树林里也被阿瓦尔人抓获。(13.11) 而此前马尔丁却没有发现躲在沼泽地里的阿瓦尔汗王，这足以表明马尔丁的军事经验不足。(13.12) 那些相对较小的成功欺瞒了莫里斯皇帝，他不会再派兵来支援我们，因为他还不知道我们最近遭遇的不幸。(13.13) 我相信敌人最近遭遇的一些损失也会使他们更谨慎，他们在以后会加强自己的安全措施。(13.14) 关于我们的对策，我说的已经足够多了，但愿命运之神帮助我们。"(13.15) 当这位保民官结束了演讲时，会众大多露出惊惧的神色，很多人被他所说的内容吓呆了。这时候，一位老兵站起来，声讨保民官的观点，他请求会众给他一个发表演讲的机会。(13.16) 当会众同意他发表演讲，于是他以一种老年人特有的声音和语速开始了演讲。

（14.1）"罗马人啊，你们绝不会在你们的行动中来掩饰这一高贵的名字，男人们哪，你们的心灵应该和你们的身体一样健硕无比。刚才那位保民官的说话有点夸大其词，他混淆了问题的重点，然而事实却胜于雄辩，他所用的诡辩术吓唬不了我们。（14.2）首先我将要问他一个问题：保民官先生，诚实地讲你发表的长篇大论的对象是谁呢？你的演讲只能欺骗那些乡下人，因为他们只会用扬谷扇而不会用刀剑，他们只会穿皮坎肩而不是护胸甲，他们只会驾驭耕地的牛而不会驾驭腾跃的战马。（14.3）你以为这里的会众是一群妇女吗？你为何侮辱我们的天性和种族？你的话歪曲了事实本身，给罗马人蒙羞了。你难道没有意识到自己所说的话非常可耻吗？罗马人具有战斗热情、有力的武器和丰富的战场经验，这一切都是罗马人的优势，难道你不为此感到骄傲吗？为什么在你看来我们一次小的失利就足以推翻其他巨大的成功呢？（14.4）而我们的敌人并没有由于一两次失利而灰心丧气，他们只会愈挫愈勇，令人丧胆。阿瓦尔汗王曾经陷入沼泽的困境，但是他成功地脱险，逃到一个岛屿上，靠有限的水度过艰难的时日，现在他成为族人的领袖，他经常用自己的亲身经历来鼓舞那些受伤的士兵，劝说大家不要害怕伤痛，他的话就像药片一样缓解着士兵们的痛苦。（14.5）他对以前所遭遇的苦难都一一淡忘，即使再大的困难，男人也必须抱着必胜的信念。（14.6）罗马人是如何获得这伟大的力量，他们是怎样让自己的国家变得如此强大？在我看来，罗马人是通过他们高贵的精神、沸腾的欲望、天生的胆略、对冒险的酷爱以及他们对光荣事业的信念来达到这一目的。（14.7）如果他们的精神像保民官那样，他们就无法征服欧洲、利比亚、亚洲和埃及，罗马的国土根本无法扩张得如此广阔。（14.8）你的话简直就是多余！你说我们没有增援部队，谁委托你妄作预言呢？你好像德尔菲神庙中怯懦的女祭司。德尔菲神庙中的女祭司总是推崇怯懦的行动。同样一个自学成才的先知和占卜者总是最快地发明一个自发的延迟行动。（14.9）我很惊奇于阿瓦尔人才侵袭到长城，君士坦丁堡也还安全，可我们之间的争论却如此之大。（14.10）对于男人们来说，有一件事非常重要，那就是建立一个战无不胜的'盟友'，即勇气超越一切，让不可能变为可能。（14.11）然后让我们每个人从今天起都进入战斗状态，让加盖国玺的荣耀归给我们的行为，因为我们绝不会侮辱我们神圣的名字。（14.12）这是一个老兵由衷的心声！如果我的发言是合理的，让上帝实行公义的判断吧！如果不合理，还请允许我保持说话的热情。因为勇气是一种多么可贵的品质，不是每个人都有的，人们要么过于怯懦，要么缺乏雄心。"

（15.1）老人的演讲结束似乎点燃了会众的激情，他的话鼓舞了士兵们战斗的热情，将士兵们的怯懦和懒惰之心一扫而光。（15.2）突然，在会场上爆发出一阵阵高声的喝彩，他们为这位老兵高尚的精神而欢呼。然后将军结束了会议，士兵们回到了各自的军营。（15.3）接下来罗马人发动了猛烈的进攻，他们从哈姆斯山出发，进攻卡沃蒙提斯和利比顿。罗马人发现阿瓦尔汗王离他们并不远，他的军营相距罗马人只有大约4千米，而汗王的大部分军队此时却分散在色雷斯各地。（15.4）科蒙提奥鲁斯重新编排军队，将原来的三个部分合并成单一的方阵。他命令军队向阿斯提克（Astike）行进，连夜急行军，第二天早上便可以对阿瓦尔汗王发动猛烈的攻击。（15.5）但是，一些命中注定的事情阻碍了科蒙提奥鲁斯的计划，它像一群雄蜂一样破坏了蜂房，破坏了将军辛勤工作的成果。（15.6）当夜间的星光为罗马人照亮行军之路，一匹动物将背上的所有辎重倾翻在地。（15.7）事有凑巧，动物的主人在前面走，没有发现潜在的危险，后面的人看见动物背上的货物东倒西歪的样子，叫住前面的主人要他整理一下马背上的货物。（15.8）事实上，这成为混乱的原因，许多人自发地向后方跑。后面人的话语被错误地重复，他们的话被扭曲了，好像大敌当前要士兵们赶紧逃跑一样。（15.9）军队顿时陷入轩然大波，引起大家的强烈反对，很多人都嚷嚷着要往后退，在混乱之中，他们一致喊着"后退，后退"，就好像战斗很快就会打响。（15.10）所以整个队伍不再团结，仿佛悠扬的琴声中出现了不和谐的音符。因此阿瓦尔汗王第二次逃脱了危险，以最快的速度离开了自己的营帐转移到另一个地方，并且这一次比前一次要更幸运。（15.11）罗马人也表现出同样的行为，他们也逃跑了，一场假危险引起的恐慌就使罗马军营如此混乱。（15.12）然而，在两军的一次不经意的遭遇战中阿瓦尔人还是死伤惨重，因为罗马军队中仍有一个师运转良好，他们在战场上英勇杀敌，势不可当。（15.13）当阿瓦尔汗王的军队从这两次混乱中逐渐恢复过来，他开始袭击罗马城市，并且占领了阿匹亚里亚（Appiaria）这座要塞。我没有其他合适的叙述方式，只能简要地叙述了。

（16.1）有一个士兵名叫布萨斯（Busas），他在战场上的表现十分英勇，他的勇敢使他获得巨大的声望，同时他还有预知危险的能力。（16.2）当时这个人是驻守在堡垒。现在布萨斯决定骑马到城堡附近的草地，等他到了草地，他又忽然决定去狩猎。（16.3）因此阿瓦尔人设下一个陷阱，将布萨斯捕获。当他成为阿瓦尔人的俘虏，他们威胁要用长矛杀了他，他恳求他们不要这样做，而是希望以他的生命作为与罗马人交易的筹码，因为他们若杀了布萨斯则一点儿好处都捞不到。（16.4）因此阿瓦尔人接受了他的建议，以他作为与罗马人交易的条件。因此他们把俘虏带到城堡，要求罗马人用礼物和友谊作为赎金来交换俘虏，否则他们将就地处死俘虏。（16.5）布萨斯恳求罗马人拯救他，好像他处在死亡和救赎最重要的临界点；他恳求罗马人想想自己曾经的贡献，想想自己曾经用勇敢的行动所带给罗马人的利益，（16.6）他向众人讲述了自己的苦难经历，展示了身上不计其数的伤口，总之，他恳求自己的同胞看在自己贡献的份上现在挽救他的性命。(16.7)但是罗马人拒绝了他的请求，因为他们已经被与布萨斯妻子通奸的人所收买。罗马人以一种使阿瓦尔人蒙羞的方式拒绝了他们。(16.8)可怜的布萨斯现在处于更大的危险中，他恳求阿瓦尔人稍微推迟一下他的死期，他把所有的钱财都交给阿瓦尔人。(16.9)当敌人获得了这笔钱时，他们的态度倾向于仁慈，他们保证放过布萨斯，并且希望布萨斯能为阿瓦尔人服务。(16.10)接下来布萨斯教阿瓦尔人制造一种攻城机械，因为阿瓦尔人还没有这样的知识，他还特别教会了阿瓦尔人制造远距离的攻城机。(16.11)不久之后要塞被攻陷，布萨斯通过向阿瓦尔人提供攻城技术指导的方式来惩罚罗马人不人道的行为。从此以后，阿瓦尔人以这种攻城机械攻占了许多罗马城市。(16.12)现在布萨斯又帮助阿瓦尔人侵袭了贝罗埃，攻占此城花费了大量的时间和汗水，因为当地居民的抵抗非常顽强。最后阿瓦尔人用一小笔钱就收买了城内的居民，换取了一纸"和平"协议。

(17.1)阿瓦尔汗王对戴克里先城（Diocletianoplis）展开围攻，但是此城的防守非常稳固，他们无法轻易攻破。罗马人在城墙上配备有弩炮和其他防御手段，阿瓦尔人不敢靠近，(17.2)阿瓦尔汗王只好带着失望的心情离开。于是他准备进攻腓利普堡（Philippopolis），他包围了腓利普堡，试图奋力夺取它。(17.3)当地的居民进行抵御，在城墙上以及许多交战的地方死伤众多，因此汗王放弃了继续进攻，以示对他们神圣勇气的尊重。(17.4)天亮的时候，汗王率领军队越过阿斯提克（Astike）的一大片森林，来到亚得里亚堡，对这个城市发起猛攻，但是城内的居民仍然顽强地进行抵抗。(17.5)当卡斯图斯（Castus）和阿斯穆斯（Ansimuth）被蛮族攻占的消息传到君士坦丁堡，城市出现了民众骚动。皇帝被一群不明事实真相的民众公开侮辱，这些人可能处于社会最底层且命运不济，他们对皇帝诽谤、蔑视、嘲笑，将前方军队的失败归结于皇帝愚蠢的决策。

（17.6）但是侮辱没有使皇帝愤怒，似乎在皇帝的灵魂里就没有愤怒的情绪。（17.7）敌人在收到丰厚的赔款之后将卡斯图斯归还给了罗马人。（17.8）皇帝将自己的军事思想和战略决策坚决贯彻到军队中，并为即将到来的战争做好充分的准备。他任命约翰为将军，民众习惯上叫他玛斯塔肯（Mystacon）。（17.9）莫里斯皇帝同时任命多尔克顿（Drocton）为约翰的副手，这个人是伦巴德人，他在战场上非常勇敢，力气巨大。（17.10）当罗马援军到达亚得里亚堡，他们很快就解除了蛮族对此城的围攻，双方激烈战斗，直到第二天才结束。由于副将多尔克顿的指挥作战技高一筹，使得罗马军队取得了这场战斗的胜利。（17.11）多尔克顿假装撤退，实际上他指挥一部分军队绕到敌人后部，然后突然对阿瓦尔军队的后方发起攻击，杀了很多阿瓦尔人。（17.12）因此大约在中午时分，阿瓦尔人从不同的方向撤退了。约翰没有命令罗马军队继续追击阿瓦尔人，因为他懂得在成功面前保持节制。（17.13）命运是无常的，成功与失败也像车轮一样旋转，接下来在我的叙事中将要点缀荷马的诗篇。

（18.1）在某一个特殊的时候，希拉克略对波斯领土发起了另一次军事行动，此时米底人中间出现一种流行病。当希拉克略到达米底时，他袭击了一处坐落在岩石上的坚固城堡，罗马人是用攻城机械完成这项军事任务的。（18.2）波斯人还发明了各种应对策略，并编织长袍一样的东西，他们制成包裹着糠秕的长袍，用收集来的毛发将这些大大小小的长袍缠紧，把它们悬挂在城墙外，以此抵挡弩炮的攻击。（18.3）罗马人发射的许多弩炮飞离了城墙，有的打在了长袍上，有的击中了城墙。希拉克略命令士兵们发起持续不断的攻击，不给敌人任何喘息的机会。（18.4）士兵们一拨接着一拨地轮番进攻，给波斯人制造了很大的压力。（18.5）正因为这样，波斯人的抵抗逐渐不起成效，他们的力量也衰弱了。最终这个城堡被罗马人攻占，希拉克略在这个地方留下一批驻军。（18.6）与此同时，塞奥多利和安德鲁所率的军队也夺回了马特扎农城堡（Matzaron）的主权，它距离贝乌达斯城（Beiudaes）不远。当塞奥多利驻守马特扎农之时，当地农民鼓动他围攻驻防薄弱的贝乌达斯。（18.7）塞奥多利和安德鲁决定听取农民的建议，于是他们选派精锐力量连夜行军。（18.8）在天还没亮的时候，他们对贝乌达斯发起进攻，但是贝乌达斯的城墙非常坚固，很难在短时间内攻破。守城将士早就知道罗马军队的计划，他们对城墙的坚固程度充满信心，对罗马人发射的弩炮也不感到害怕。（18.9）城墙只有一个入口，波斯人的抵抗十分顽强，罗马军队无法靠近城门。在城门的正前方竖立着一座塔，这加强了波斯人的防御力量。（18.10）罗马人从他们的战马上下来，对城墙发射石块，同时向波斯人密集放箭；而波斯守军则运用各种手段进行防御，石头、箭和热水都派上了用场，他们居高临下，将大量的水倾泻在罗马士兵身上。（18.11）勇敢的罗马战士以盾牌相连一边抵挡来自上面的袭击，一边一步步向前挪动，他们英勇的行动为后方的军队进攻铺平了道路。他们不顾敌人水的攻击，向岩石上的波斯人射箭，于是一个又一个波斯人被击中。（18.12）岩石上的波斯人抵御不住罗马军队的猛烈攻击，只好退到城堡内，城门由此被罗马人攻破。罗马人占领了岩石上的防御工事，并将城堡重重围住。（18.13）那些驻守在矮墙的波斯士兵更是无力击退罗马人的猛烈攻击，他们也只好纷纷撤离。（18.14）有一个人名叫萨培尔（Sapeir），他身强力壮，像荷马称颂的提丢斯（Tydeus）一样英勇，不过萨培尔在战场上不屈不挠的精神似乎更胜一筹。他带着一些钉状物爬上堡垒。（18.15）他将钉状物钉入堡垒的缝隙处，用手紧握钉子一步步向上爬，脚踩在凸起的石头上。（18.16）如果地面的罗马军队能给萨培尔持续的射箭掩护，他肯定会第一时间占领矮护墙，可是一队波斯士兵及时赶来，发现了萨培尔，他们将萨培尔推出墙外。（18.17）他的身体连同墙垛一起掉落下来，他的头扎进了尘土，额头和肩膀也都陷在了土层里。幸运的是，他并没有死，他被战友送到隐蔽的地方接受医护兵的治疗。他的肩膀被标枪刺中，不过刺入得不深。（18.18）他被医护兵简单的包扎之后又回到了矮护墙边，试图用原先的方法登上矮护墙。（18.19）但是波斯人又用了一个计谋，由于矮护墙已经被罗马军队的弩炮袭击得非常松软，他们看见萨培尔在奋力攀登，于是把松软的矮护墙全部推倒，一块块的石块连同萨培尔滚落在地。（18.20）萨培尔的性命再次被罗马士兵所挽救，但他这次的行为在别人眼里是蛮勇的表现。（18.21）当萨培尔从伤痛中逐渐恢复过来时，他打算再爬一次矮护墙，好像有一股不可抗的神力激励他不屈不挠。（18.22）这次，他终于成功了，他终于登上了防御土墙，他拔出剑杀了那个将他推倒的波斯士兵。萨培尔将波斯士兵的人头带回罗马军营。罗马人都为萨培尔英勇的行为感到欢欣鼓舞。（18.23）萨培尔有一个兄弟，由于受到他行为的激励也模仿起他登城的行为，他用的是相同的工具和攀登方法。（18.24）罗马人通过前赴后继的努力，通过一次又一次炮轰，他们终于夺取了城门，得以进到城内。在城内波斯人毫无抵抗之力，他们中间有的人被杀，有的人沦为俘虏，罗马人最终攻下了整个城堡。经过一番掠夺之后，他们将一部分军队留在此地驻守，其他军队则撤退了。（18.25）由于冬天即将到来，菲利普科斯退到君士坦丁蒂娜城修养身体，他将军队的指挥权交给希拉克略。由于希拉克略率领的一部分军队对整个战局的贡献不大，他也遭到了菲利普科斯的批评。